Presentations
to earn

ムダなく一発で決まる

稼げるプレゼン

越川慎司
元マイクロソフト 業務執行役員・
PowerPoint事業責任者

はじめに

「伝える」プレゼンではなく「伝わる」プレゼン

私は、マイクロソフトでPowerPoint（以下、パワポと表記）を含むoffice製品の事業責任者である業務執行役員という役職についていました。そのため、パワポの機能は、細部に至るまで知り尽くしています。

コンサルタントとして独立してからも、さまざまな業種のクライアントや一般の方に対して、プレゼンテーション（以下、プレゼン）や資料の作成講座を実施してきました。

その過程で、無数のプレゼン現場やそこで使われた資料をつぶさに見てきました。

クライアントや受講者の中には、プレゼンを得意とする方々、例えば社員研修の専門家や著名な経営者、コンサルタントの方も参加されていました。

確かに、そうした方々は話術に優れ、自分が持っている知識を、聞き手に「伝える」スキルに長けていることは間違いありません。

そう、「伝える」技術は非常に優れているのです。ただし、相手に「伝わる」プレゼンになっているかどうかは、また別の話です。

何のためにプレゼンをするかといえば、相手に「伝える」ためではなく、相手に「伝わる」ためです。響きは似ていますが、この二つは、まったく異なるものです。

前者が、自分の伝えたいことを、さまざまなテクニックを駆使しながら一方通行で伝える「伝える」の主役は話し手ですが、「伝わる」の主役はあくまで聞き手。

るのに対して、後者は、相手が今どういう状況にあり、潜在的・顕在的かを問わず何を欲しているのか、どう変わりたいのかを考えたうえで、共感、納得感や腹落ち感を目指していくという違いがあります。

では、なぜ「伝える」のではなく、「伝わる」ことが大切なのか。それは、

▼相手と共鳴して、自分の思い通りに相手を動かすこと。

▼それによって自分の利益につなげること。

このことこそが、プレゼンの最大の目的だと考えているからです。

「思い通りに動かす」「自分の利益につなげる」というと、傲慢で利己的に聞こえてしまうかもしれません。しかしそれは、顧客への提案ならば、

「自社商品の購入や契約によって営業成績をアップさせ、待遇面の向上を図る」

ということだし、社内プレゼンや情報共有の会議ならば、

「自分のアイデアを組織全体に浸透させ、結果として自分の地位向上につなげる」

といった、ビジネスシーンでは当たり前の目標行動です。

なのに、多くのビジネスパーソンは、「伝える」ことだけを目標に、プレゼンすること自体を目的にしがちです。

そのため、必要以上に情報を盛り込み、凝ったビジュアルのプレゼン資料を作りたがり、その段階で十分満足してしまう。あるいは、弁舌巧みにプレゼンの場を仕切る自分に酔ってしまう。それは、言葉は悪いですが、**「その場限りの自己満足」**のプレゼンです。

マイクロソフトでパワポ関連事業の責任者をしていた立場として、心苦しいというか、複雑な気持ちになってしまうのですが、**時間と労力をかけて見栄えのいい提案資料、会議資料をつくっても、相手の行動を促すことにつながらなければ意味がありません。**

コンサルタントとしての私のもう一つの専門分野である「働き方改革」の文脈から考えても、効率と生産性が求められる現代のビジネスシーンでは、なおさらです。

そのため本書は、徹頭徹尾、

相手に伝わり共鳴させる↓相手を思い通りに動かす↓自分の利益につなげる

というプレゼン本来の目的を念頭に書かれています。

「プレゼンが表面的にうまくなる」とか「プレゼンを聞いた人の一時的な満足度が高まる」ことを目的とはしていません。それはあくまで通過点。

それこそ類書との違いです。

本書のタイトルを、ずばり「稼げるプレゼン」としたのも、その部分を際立たせたかったからです。稼げないプレゼンは、プレゼンの目的を果たしていないとさえ思っています。

その点で、仮に、プレゼンを得意とする方が、実際には稼いでいないとしたら、それは「医者の不養生」「紺屋の白袴」と同じで、あまり信頼はおけません。幸い私は今、マイクロソフト時代に比べ労働時間は3割減ですが収入は3倍以上あります。

私がなぜコンサルタントとして多くの方に信頼をいただいているか、本書に信ぴょう性をもたらすためにも、次に3点あげます。

▼マイクロソフトでパワポをはじめとするoffice製品の役員をしていた経験。

▼マイクロソフト退職後、コンサルタントとして、自ら「稼げるプレゼン」を実践してきた実績。組織人ではない自由な立場だからこそ、公平かつ客観的な発言ができると思っています。

▼529社従業員数16万人のコンサルを行い、年間110件以上の講演を実施した中で収得してきた膨大なファクトやデータに基づいた、再現性の高いプレゼンの「ルール」を提供できること。

特に本書では、「再現性」に重きを置きました。詳しくは序章に譲りますが、客観的で定量的なデータ（企業の意思決定者826人を対象としたヒアリングと収集した5万1544枚の資料によるAI分析。その結果を基にしたクライアント企業の社員4513人と1万8000人超の講座受講者による実証実験）から導き出した、誰もが明日から活用できる再現性の高い、プレゼンの「ルール」を広めていきたいのです。

どんなに優れた手法でも、それが才能やセンス、経験を重ねたひと握りの人にしか使えないのであれば、わざわざ公にする意味がありません。

また、誰でもすぐに使えそうな手法であっても、その根拠が、「越川個人が実践して、たまたまうまくいったから」というように、一部の成功例を一般化して語るのはコンサルタントの姿勢としてどうかと思います。

膨大なデータと実証実験の中から導き出した一定の法則を、誰もが実践できる形で提供することがコンサルタントとしての存在意義である――そう考えた上での集大成が、本書だと思っています。

前置きが長くなりました。それでは、「伝える」プレゼンではなく、「伝わる」プレゼンについて、「その場限り」のプレゼンではなく、「稼げる」プレゼンについて、話を進めていきましょう。

２０２０年４月

越川 慎司

稼げるプレゼン【目次】

第2章 95%が陥るNGプレゼン

第3章　人を動かす最強のプレゼン技術

第4章　最強のプレゼン【シナリオ構成】術

第5章　最強のプレゼン【資料作成】術

第6章　最強のプレゼン【環境整備】術

第7章　最強のプレゼン【本番】術

第8章　プレゼン力を高める秘訣

執筆協力――――堀水潤一
本文デザイン・装丁――Isshiki（デジカル）
編集協力――――藤原雅夫

序章

なぜ私がプレゼンについて語るのか

相手が実際に動いてこそプレゼンの意味がある

プレゼン資料づくりに長けていたり、立て板に水のように話したりということで、「プレゼンがうまい」と言われる人は、あなたの部署にも一人、二人はいるでしょう。ただ、その人たちの社内での成績が優れているかというと必ずしもそうではありませんよね。

一方で、資料は至ってシンプル、話も決して巧みとはいえないプレゼンでも、提案がよく採用されたり、商談の成約率が高い人もいると思います。

その違いは何でしょう。それは、目的と手段の違いを理解しているかどうかです。「はじめに」で強調した通り、なんのためにプレゼンをするかというと、

▼自分に共鳴してもらい、相手を思い通りに動かすこと。

▼それによって自分の利益につなげること。

だと私は考えています。カラフルなグラフやアニメーションを多用した凝った資料を作

成し、プレゼンの場を盛り上げることが目的なのではありません。

私が行っている経営者向けの講演や、各種のプレゼン講座で、終了直後にアンケートをとると、講座の内容に対して「大変満足」「満足」と回答した人の割合は、あわせて98％くらいになります。

とてもうれしいのですが、私はその数字にあまり意味を感じていません。あくまでそれは目標に至る通過点。実際に行動に移していただかないことには始まらないのです。

ですから私は、講演や講座を受けた人を対象に２週間後にとるアンケートのほうがより気になります。

「その後、実際に行動に移しましたか？」
「行動したことによって、どのような変化がありましたか？」

という質問に対するイエスの回答が多く、よりよい変化があらわれたときこそ、心から喜ぶことができるのです。

本書をはじめ、これまでの私の著作は広い意味ではプレゼンの一種です。読後、「面白かった」「満足した」という感想をいただけることはうれしく、書いてよかったと思います。

しかし、そこで一喜一憂してはいけないと戒めています。本当にうれしい感想は、

「本に書かれていたことを参考に行動してみたら、うまくいった」

「仕事に対する考え方が変わって、利益につながった」

というもの。読者の方々が行動に移し、結果を出してはじめて成功と言えるのです。


プレゼン自体の満足度を高める手法と、プレゼンによって相手を動かす手法は根本的に異なります。単純な話、見栄えのいいスライドを作成し、心地いい言葉を並べれば、その場の満足度は上がるでしょう。

そうではなく、相手の行動にまでつなげたいのであれば、

▼今の状態から、どのように変化するのか未来をイメージさせる。
▼そのうえで根拠となる数字やデータを効果的に示す。
▼相手の属性や徹底した下調べによって、求められているものを正しく提供する。
▼冒頭で結論を伝え、理由や意義を実例をあげながら説明し、最後に再び、結論（やるべきこと）を強調する。

のように、相手の共感を呼び、納得感、腹落ち感を伴って行動に移せるようなさまざま

な仕掛けが必要になるのです。

もちろん、プレゼン自体が不評に終われば、行動に移してもらえませんから、まずはその場の満足度を目指すことは大切です。しかしそこで終わっては意味がありません。

この本を手にしているあなたが、プレゼン自体をうまく乗り切るテクニックだけを求めているのならば、私が目指そうとしている山とは違います。

そうではなく、相手を本気で動かそうとしているのであれば、そのための山をきちんと設定したうえで、頂上を目指さないといけません。

いくら正しい手段を使っても、目的が間違っていればそこには到達できません。なんとなく散歩をしていたら富士山の頂上にたどりついていた、なんてことはないのです。

パワポはあくまで手段。しかし人を動かす最強のツール

私がマイクロソフトを退職し、コンサルタントとして独立するきっかけの一つとなったのは、**テクノロジーが人の働き方を変えるのではなく、人が働き方を変えようとするときにテクノロジーが役に立つ**ことに気づいたことです。

テクノロジーありきで働き方は変わらないけれど、働き方を変える手段としてテクノロジーは存在しているわけです。

何が言いたいのかというと、パワポはあくまで、プレゼンの目的を達成するための手段でしかないということ。

私が本当にしたいのは、人々の働き方を変えることです。そのためには、パワポを販売するのではなく、パワポも一つの手段としながら、プレゼンの本当の目的について、伝えていくことのほうが私にとって大切だと考えたのです。

例えばパワポには、約８００の機能があるのですが、そのすべてを使い尽くす必要はありません。それどころか、使い方を誤れば逆効果になってしまう機能さえあります。

そうしたことは、office製品の担当役員しては言いにくいことでした。


実際、今もビジネスシーンで、文字だけが書かれた紙と言葉だけを使った昔ながらのプレゼンをする人は、私たちの調査で13％にのぼります。

テレビＣＭや選挙演説も、短い時間で聞き手に共感を呼び起こし、人を思い通りに動かすことを目的としている点では、完全にプレゼンです。

個人的には、テレビＣＭで最もプレゼンがうまいのは「ジャパネットたかた」元社長の高田明さん。選挙演説が最もうまいのは元首相の小泉純一郎さんだと思います。

両者とも、キャラクターが強烈なうえ、言葉のチョイスがうまく、話の構成も巧みなので、むしろパワポを使わないほうが、いい結果を残すと思います。

仮に選挙演説で、後ろの大きなスクリーンにパワポのスライドを投影したとしたら、聴衆の目線がそちらに向かう分、本人の生の魅力に接する時間が削られてしまいます。

ただし、現実には、日本は最もパワポの普及率が高い国の一つであり、ビジネスシーンでプレゼンといえばパワポを使うことが当たり前。ビジネスパーソンの9割がパワポを使っていると言われています。

五感の中で、人の記憶や心に最も影響を与えるのは視覚です。その視覚に効果的に訴えることができるパワポが強力なツールになることは間違いありません。

ですから本書では、パワポは手段であるという前提のもと、パワポを最大限に活用したビジネスシーン（社外・社内問わず）におけるプレゼンを念頭に解説を進めていきます。

そもそも、本書で提示するプレゼンの「ルール」や勝ちパターンは、すべてビジネスパーソンを対象としたヒアリング調査や実証実験から導き出していることも伝えておきます。

また、「稼ぐ」ことをプレゼンの最終目標にしているわけですが、それは「提案の成約率を上げる」「顧客の購買率を高める」といった直接的なことだけではありません。「社内の存在価値を高める」「抵抗勢力を動かす」ことで人事評価や給与に反映されるという間接的なことも含まれます。

もちろん、ビジネスシーンから派生して、プライベートのさまざまな場面でも応用が効くはずです。「稼ぐ」前段である人を共感させ、思い通りに動かすという点でいえば、「欲しい新車を買うにあたり奥さんを説得する」とか、「クラブ活動のキャプテンとして、メンバーの一体感とモチベーションを高める」といったときにも応用できるはず。あなたなりに活用していただければ、うれしいです。

意思決定者は結論を先に知りたがる

コンサルタントとしての私の強みは、さまざまな業種のクライアントや、プレゼン講座の受講生などの協力のもと、膨大なデータを有していることです。

２０１７年から、全国の企業のキーパーソン、具体的には、社内で１００万円以上の予算と決済権限をもつ課長以上の意思決定者に大規模なヒアリング調査とアンケートを実施しています。その数は、14業種、５２９社、13部署、８２６人に及びました。

その全員に、基本的な内容は同じで、見せ方が少しずつ違う（例えば、Aパターンは文字がぎっしりで、Bパターンは少なめなど）複数のプレゼン資料を見ていただき、

「どちらがあなたの意思決定に影響を与えますか？」

といったことを対面で聞いていき、

「Aのスライドだったら心を動かされるけれど、Bのスライドでは動かされない」

といった回答を丹念に積み重ねていきました。そうやって、意思決定に影響を与えるプレゼン資料とはどういうものか、という知見を深めていったのです。

さらにクライアント企業26社にご協力いただき、秘密保持契約を結んだうえで、実際のプレゼンで意思決定に影響を与えた資料を貸していただきました。その数は計5万1544枚となり、それを弊社の分析メンバーと各社AI（人工知能）サービスによって分析を進めていきました。

あらゆる角度から分析することで、人を動かしたプレゼンの成功（失敗）パターンには、どのような共通項があるのか。詳細なパターン分析を行っていったのです。

こうして人が意思決定するメカニズムを解析することで、データに裏打ちされた一定の相関関係が浮かび上がってきました。例えば、

「プレゼンの冒頭で『結論』を述べると、その後の成功率は1・8倍高くなる」
といった数値データです。これらは宝物となりました。

しかし、その段階ではまだ仮説でしかありません。今度は、その仮説が実際の現場で通用するか実証実験を行いました。

今度は、クライアント企業の4513人にご協力いただき、仮説をもとにプレゼンのやり方を変えてもらったところ、商談の成約率が平均して37%から57%へと20ポイント上がったことが、2カ月後の調査で明らかになりました。

また、資料の作成時間が平均で20%下がったこともわかりました。

このほか私には、971回の講演、2745回の提案活動（2020年4月時点）で蓄積してきたプレゼンの知見があります。

私が講師を務めるプレゼン講座も2017年の開始以来、受講者を増やし、現時点でトータルすると1万8000人を超えています。その8割以上が行動に移したところ、成果を出したと答えているのです。

そうした業種や業態や社風にかかわらず誰であっても応用が効く、再現性の高いデータを、プレゼンの「ルール」として集積したものが本書です。

「私がこうやってうまくいったから、おそらく皆さんもうまくいくでしょう」という根拠に乏しく、かつ曖昧で無責任なものではなく、あくまでも「データ・ドリブン」「ファクト・ドリブン」のルール。

「実際に多くの人が成功したプレゼンには、こういう共通点がありました」という反対方向のベクトルから、プレゼンの「勝ちパターン」を抽出したものです。

上手なプレゼンは社員の幸福度を高める

米イリノイ大学名誉教授の心理学者エド・ディーナー博士らの研究によれば、主観的幸福度の高い人はそうでない人に比べて創造性は3倍、生産性は31%、売り上げは37%も高い傾向にあります。

慶應義塾大学の前野隆司教授による研究でも、社員の幸福度と業績は比例すると言われています。どちらが原因でどちらが結果か、については数々の研究が行われており、どちらも原因になることが知られています。つまり、幸せである結果として業績が上がることも、業績が上がった結果として幸せになることもあるようなのです。

つまり、プレゼンすることで幸福度が高まれば、パフォーマンスが上がり、パフォーマンスが高まれば幸福度が上がるということでもあります。では、ビジネスパーソンが働くことに関する幸せ、いわゆる「働きがい」とは何か。2017年から弊社クロスリバーでは延べ16万人に対して、「あなたはどういう時に働きがいを感じますか?」というアンケート調査をしてきました。その結果、「承認」「達成」「自由」という3つのキーワードに集約されました。他人に認めてほしいという承認欲求が強く、何かを成し遂げたいという達成欲求が強かったのです。プレゼンに成功し相手を動かすことができれば受注は増え、社内の問題も解決していくでしょう。そうすれば、この「承認」と「達成」が同時に実現するわけです。

「自由」という回答が多かったのは、自己選択権が欲しいという意味でした。好きな仕事を自分で選び、自分の好きなように仕事をして、未来の選択肢を得たいのです。本著の稼げるプレゼン術は、この「自己選択権」を得ることが目的といってもいいでしょう。稼ぐ力を身に付ければ市場価値が上がり、１つの会社に依存することなく、いずれ自分で仕事を選ぶこともできます。

生産性といっても短期での成果を目指すことはお勧めしません。そこを目指すと、小手先のテクニックにおぼれてしまい、本質的な手法を身に付けられなくなります。失敗を重ねた先に成功がありますから、じっくりと経験を積み重ねていきましょう。

人を動かすプレゼンで、目標を「達成」し「承認」されます。それを目指してスキルを磨きましょう。そうすれば成果は上がり、結果として「自由」を得られます。

第1章

意思決定者が評価するプレゼンの最適解

人が動くのは、変化をイメージできたとき

太っている人に、トレーニングジムの勧誘をするとして、

「このジムに通えば、きっと痩せますよ」

という文句で、気持ちが動かされる人がどれくらいいるでしょうか。それで行動に移す人なら、とっくに自力でダイエットしているはずです。

では、こういう売り文句ならどうでしょう。

「このジムに通って健康的な身体を手に入れれば、家族や部下の目も変わるのでは?」

「引き締まった身体って、スーツを着ていてもよくわかるもの。異性の視線も集まりますよ」

先ほどのよりは興味を示してくれるのではないでしょうか。

太った状態(マイナスの状態)から、普通の体形(ゼロの状態)になるだけでは、人はお金を払いません。

その先にある、その人を取り巻く肯定的な変化、プラスの状態をイメージさせ、そこに価値を見出して初めて、人はお金を払うのです。

「うちのスポーツジムは駅から歩いて5分のところにあり、最新のランニングマシーンがあって、サウナもあるので便利です」

という説明よりも、

「あなたもきっと、半年後は異性にモテるようになりますよ」

という、プラスの変化をイメージさせるほうが、心に訴えるものが強いのです。

その点で、パーソナルトレーニングで知られるR社は、マーケティング戦略に長けています。R社のテレビCMでは、どのようなトレーニングをするのか、ジムはどこにあるのか、どんな器具を使っているのか、といった具体的なことには触れません。

その代わり、一人の男性（女性）の、

【ビフォー】贅肉がつきまくり、猫背で表情も暗い、不健康そうな以前の状態。

【アフター】引き締まった艶のある身体で、自信にあふれた表情の未来の姿。

という、誰の目にも明らかな変化を、対照的なBGMや照明のもとで見せるという演出をしています。テレビCMの直後、電話がひっきりなしにかかってくるそうですが、それも頷けます。

▼顧客が、今抱えている不満や悩み（マイナス）は何か。

▼それが解消されて広がる明るい未来（プラス）はどのような状態なのか。

痛みを取るという変化だけではなく、うれしさを増す変化が必要です。そのためには何を訴求すればいいか。そこまで考え、踏み込まないと、行動に移してはもらえません。問題を解決することよりもよい変化をイメージさせることが重要なのです。

その話し手は信頼できる人物か

患者が病院で医師の話に耳を傾けるのは、医師が処方箋という再現性のある治療方法を知っているから、医師免許の国家試験を持ち信頼できる人だからです。

しかし、ビジネスパーソンが客先で新商品を提案するプレゼンでは、お互いに初顔合わせの場合が多いもの。聞き手からすれば、誰だかわからない、信用の置けない人物の話を聞かないといけないわけです。

同じ提案内容であっても、話し手に信頼があるかどうかで聞く姿勢は変わり、その後の行動意欲にも差が生じます。

意思決定者826人へのヒアリングでも、プレゼンでの不満として、

「貴重な時間を無駄にされたくない」

というコメントが多くあがりました。貴重な1時間を無意味なことで奪ってくれるなという気持ちが強いのです。

そういう方たちが、冒頭の3分間で話し手をどのように見ているかというと、

▼この人はどのような実績があり、信頼がおけるのか。

▼自分が持っていない気づきを与えてくれるのか。自分を納得させてくれるのか。

▼本当に課題や痛みを理解し、それらを解決してくれるのか。

という点に注目しているのです。

ですから話し手は、自分が信頼に足る人間だということをアピールすることから入らないといけません。心理学で「初頭効果」といいますが、最初に与えた印象や情報が、その

後のその人の評価に影響するのです。

なのに実際に、8割近くの人が行ってしまうのが、

「本日は宜しくお願い致します。私は、株式会社クロスリバー、テクノロジー技術部の営業1課、シニア・ソリューション・スペシャリストの××です」

といった長い自己紹介。名刺に書かれたままの肩書きの羅列など、聞いている人にはまったく意味がありません。これでは単に、

「クロスリバーという会社の人が来たな」

で終わってしまい、心が揺さぶられることはないでしょう。

大切なのは、信頼を得ることなのですから、自分はプレゼンをする資格があるということに始めの45秒（なぜ45秒なのかは第7章を参照）を使わなければいけません。例えば、

「クロスリバーの越川です。私は５００社のお客様の課題を解決してきました。御社と似たA社でも、半年で集客を20％あげた実績をもっています。今日は、皆さんが課題としている効果的なマーケティングについて60分で説明します。ぜひ、明日から活かしてください」

といった自己紹介をすれば、圧倒的に聞く姿勢が生まれるでしょう。

相手が求めているのは、あなたの役職ではなくて、実績や実例、具体策です。これからプレゼンする内容について、その人自身が実践し、効果をあげていることをアピールすることが大切です。

もし個人としての実績がないのであれば、会社や所属部署など、組織としての実績でも構いません。相手から信用を勝ち取ることが先決です。

私が専門とする「働き方改革」推進に向けた企業向けのプレゼンでは、よく、このような質問から始めます。

「本日、電車で出社された方、手を挙げていただけませんか?」

すると、ほぼ全員の手が挙がります。

「ほとんどの人がそうですね。これは予想通り。なぜなら、東京で通勤に電車を使う人は98・5%いますから」

と話し、続けて、

「本日は、さまざまな企業で働き方改革に携われている方が集まっていますが、働き方改革に成功していると思われる企業の方は手を挙げてください」

と尋ねると、誰も挙げようとしません。そこで、

「そうでしょうね。なぜなら、529社を対象とした弊社の調査によると、働き方改革に成功していると答えた企業は12・3％しかいないからです」

と解説します。このやりとりだけで、

「この話し手はデータを持っているな。ファクトに基づいて話すコンサルタントなのだな」

ということを印象付け、信頼を得ることができるわけです。ただし、嫌みや自慢になっては逆効果なので十分に注意してください。

ちなみに、手を挙げさせることには、参加者の身体を動かすことで、リラックスさせる効果もあります。また、**ここが一方的な場ではなく、双方向の「対話」の場であることを認識させる**こともできるのでお勧めします。


最初に信頼に足る人間であることをアピールする必要があるのは、社内プレゼンも同様です。

社内の人間なので、おおよその実績や人柄は知られているにしても、話し手がどれだけの熱量をもって、そのプレゼンに臨んでいるのかを示さないことには、相手も身を乗り出

して聞こうとは思ってくれません。

そのため、課題解決に向けた提案であれば、

「その課題感、実は私も持っていました。以前いた部署で、それに近いことを解決した経験もあります。それはこの件でも適用できると確信しているので、ぜひ聞いてください」

と冒頭で訴える。特に若手の場合、実績が少ない分、それをカバーする熱意をきっちりアピールすることが大切です。

経営者は論理ではなく感情で決める

「プレゼン参加者が資料のどこに注目するか。意思決定をする際、何を基準にするか」

というのは、人によって異なります。数字やデータに注目する人もいれば、話し手の熱意に影響される人、ロジックを好む人、競合との比較を参考にしたがる人もいます。

私のこれまでの経験上、業種を問わず、経営者や役員、部長、課長といった職階ごとに、何となく傾向があることを感じていました。

プレゼン時の役職別関心事

職能	決め方	数字好きか	競合他社の比較	情報量	この言葉を言われたらアウト	プレゼン後にこの言葉がでれば成功
経営者	感情派	大好き		少ないほうがよい	で、要は何？	面白そう、挑戦、やってみよう
役員			好き		うちはダメだから・・・	やるべき。すべきコストは？
部長	論理派	好き			部下の○○に任せているから	上を説得する、面白い、興味深い
課長					短期的な効果は？	いつから？どうやって？
担当者		苦手		多いほうがよい	上のものに聞いてみます	情報提供に感謝
開発者エンジニア	感情派	苦手		技術データは多いほうがよい	元々知ってた情報ばかりだった	どうすれば、詳細情報を得られますか

そこで、さまざまな役職の方に匿名を条件にヒアリングした結果を、わかりやすく単純化したのが上の表です。

次項でも解説しますが、ここでは表の左側にあるように、**経営者は「論理」ではなく、「感情」で物事を判断し、決定に至るという点に注目したいと思います。**

一般に、経営者は「投資対効果は」「減価償却は何年かかるのか」「リスクヘッジは」など、数字やファクトをもとに、理詰めで判断し、物事を決定すると思われがちです。

しかし、調査の結果、意外にも「感情」で決めるケースが多いことがわかりました。

例えば、短くインパクトのあるフレーズや、話し手の熱量や人となり、身ぶり手ぶりや声の大きさ・抑揚、失敗体験などのストーリーなどに影響を受けやすいのです。

実際、「感情派」と「論理派」に大別した場合、スクリーンや資料ではなく、話し手を見ている時間は、感情派は論理派の1・7倍も多いという結果が出ています。

思うに、経営者はリスクがあっても前に出るタイプの人たち。創業社長やベンチャー企業の経営層はもちろん、たたきあげの社長であっても、ここぞというときはリスクを恐れずに成果を出してきた人がトップになっていることを考えると、基本的には感情やセンスで動く傾向が強いのでしょう。

そうしたことから、経営層を動かしたいプレゼンであれば、感情を刺激する仕掛けを盛り込むことです。ロジカルに1から10まで順を追って説明するのではなく、ここぞというときにキャッチーなフレーズでズドンと訴える。例えば、

「今、組織に求められているのはチーム間の連携です。そうした連携が御社の組織力を高めるのです」

という説明は、経営者に対しては長すぎます。それよりも、

「今こそワンチームが求められるとき」

と言い切ったうえで、「なぜなら」と詳細を説明したほうが効果的です。

また、「××のほうがいいでしょう」と言うよりも、「××すべき」と断定するほうが相手に刺さる確率が高まります。

資料作成でいえば、文字は少なく、大きなサイズで。印象的な写真（特に人物の表情）がドカンとあって、ひと言、文字を添えてあるほうが、感情を揺さぶりやすいもの。音声付きの動画も印象に残りやすいと思います。

一方、**役員クラスは、感情ではなく、「なぜ？」「何で？」と根拠を求め、論理的に考える傾向が強いもの。**特に、**減点主義の世界で、失敗を恐れる人たちにとっては失敗しないこと自体が成功なので、リスクを回避するためのデータをほしがります。**

「ワンチームが必要です」と訴えても、「何で必要なのか」が気になってしまうため、数字や実例を示すなど、ロジカルに攻めるべきです。「精密機器メーカー76社は部門を超えた連携をしたところ、3年以内に新規事業開発に成功する確率は53％上がります」といった感じです。

こうした意思決定の傾向は、社外・社内でも変わらないことがわかっています。社外の経営者にプレゼンするときと、自社の経営会議で経営陣に発表するときも基本的な考え方は同じ。

冷水を欲している相手に、熱いコーヒーを出しても嫌がられるだけ。相手が飲みたいものを、適切なタイミングで出すのが、「伝える」プレゼンではなく、「伝わる」プレゼンのキモであることを忘れないでください。

経営者は「感情」で決定しても「数字」を求める

38ページの表をもう少し詳しく見ていきましょう。

まず、「数字好きか」の項目を見てください。先ほどの話と矛盾するようですが、**経営者は物事を決定するとき、自分の感情、感性、好き嫌いで決める傾向があると同時に、客観**

的な数字やデータも重視します。

どういうことかというと、本人は感情を大事にするのですが、他者に説明したり、社内を納得させたりするときの材料としての数字の大切さをよく理解しているのです。

経営者とは、人を巻き込む力に優れているものですが、よほどのワンマン社長でない限り、反対勢力も含め、社員に心地よく動いてもらえるように腐心しています。直感で決めたことであっても、皆が納得できるように後で数字を使って説明するのです。

役員クラスが、数字という裏付けがあってはじめて決定するのとは、順番が逆転しています。

次の「競合他社との比較」ですが、会社の存続を一番気にしているのは経営者です。役職の高い人ほど、競合に負けないためにはどうしたらいいかを常に考えています。

そのため、競合を引き合いに、

「B社さんは、すでにこういうシステムを入れて成果をあげています。今回は、そのシステムを上回る提案をお持ちしました」

と顧客にとっての競合他者の実例をあげながら、今、動かないことのリスクをつきつけることで提案営業の成約率が18％アップします。これを「ホラーストーリー」というのですが、これについては後ほど説明します。

最後は「情報量」について。役職が上の人たちは、日々扱う情報量が多く、意思決定をする機会が多いもの。にもかかわらず、年を重ねると、前頭葉に蓄えられるデータ量が少なくなるのは残念ながら事実です。

であるならば、プレゼンでは、余分な情報は取り除き、極力シンプルにしたほうがいいのは自明です。

パワポの1スライドに、ぎっしり文字が書かれていても、ほとんど読んでもらえません。実証実験では、1スライドの文字量は105文字以内が適切であることがわかっています。このあたりの資料作成の勝ちパターンは第5章を参考にしてください。

経営者の心に訴える「未来創造価値」

すぐに効果が表れるわけではないけれど、しばらく経ってから生み出される価値のことを、私は「未来創造価値」と呼んでいます。

物事を俯瞰し、長いスパンで物事をとらえる経営者は、未来にこそ生み出される価値を重視します。今日・明日の幸せよりも、1年後・2年後の幸せのために、先行投資するのです。それが他の役職者との大きな違いです。

ですから、初期コストが高く、回収まで時間がかかりそうな提案であっても、「導入後すぐに効果が出るわけではありませんが、2年後から大きな効果が期待できます」と丁寧に説明すれば納得してもらえる可能性が高いのです。反対に、短期的な利益の追求に終始した提案では、行動には移してくれないでしょう。

会社の置かれた状態や改革フェーズにもよりますが、一般的に経営者は、好んでコスト削減をするわけではありません。

そうではなく、コスト削減によって生みだされた利益を、最大限活かすにはどうするか、といった挑戦志向で動いているものです。基本的に、マイナスを減らすことよりも、プラスを増やしたいと考えているのです。

そのため、コスト削減の提案ならば、いかに削減をするかという方法論ではなく、それをどう活かすか。未来に生み出される価値についてイメージを膨らませたうえで、

「だから今、コストを削減しなければならないんです」

と、力強く訴えることが効果的です。

人を動かす「ハッピーシナリオ」と「ホラーストーリー」

ソリューション営業という言葉もあるように、人を動かすために最も手っ取り早い方法は、現状の課題や不満を解消し、明るい未来を描いてもらうことです。

「今」よりも「未来」のほうが、より幸せな状態になれる。そうした変化がイメージできたときに人は行動に移る、ということはすでにお伝えした通りです。

そのためには、相手の喜びを増し、幸せに導くようなストーリーを提示することがポイント。これを「ハッピーシナリオ」と呼びます。

ただ、実際には現状に不満を感じていない方も多くいます。

課題も痛みも持ち合わせていないため、いくら「よりよい未来が開けている」と説明しても、あえて現状を変えようとしません。

私が行っている「働き方改革」のコンサルティングはその典型で、今すぐに着手しなくても、今日、明日に会社がつぶれてしまう課題ではないため、聞き手の温度は低いです。

しかし、企業が存続していくためには、未来のことは避けて通れませんから、地道な説得を続けていくしかありません。

とはいえ、**喉が渇いていない相手に、水を差し出しても飲んでくれません。そこで、無理にでも、喉を乾かせる仕掛けが必要です。**そのとき有効なのが、危機をあおることです。

「今の状態は、表面的には問題がないように感じられているかもしれませんが、少子高齢化には対応できずリスクが広がるだけです」

「この提案は、同業のA社とB社をはじめ多くの企業がすでに実践しています。御社も早めに実践することをお勧めします」

このように、**何もしないことが危険であると説明し、重い腰をあげさせるのです。**相手を怖がらせ動かすことから、一般に「ホラーストーリー」と言われています。

「この製品のサポートはもうすぐ終わります。ほっておくとウイルスに感染し、個人情報が外部に漏れる危険性が高まるため、早めの買い替えをお勧めします」

と危機感をあおることで、パソコンを買い換えさせようとするのと同じ手法です。

社内で、いわゆる**「抵抗勢力」と言われる人たちは、変化を好まない保守的な傾向があるため、どちらかというと、プラスの変化を思い描かせるハッピーシナリオよりも、不安をあおるホラーストーリーのほうが効果的です。**

現状に立ち止まっていること自体がリスクであることを強調しましょう。

ただし、ホラーストーリーは、短期的には行動につながったとしても、外発的動機づけであるため、長続きしない傾向があります。

一方、ハッピーシナリオは、自分自身で興味・関心のあることを促すことです。いわゆる「やる気スイッチ」をオンにする内発的動機づけで動くことになるため、行動が持続しやすくなります。

そのため、はじめのうちはホラーストーリーで半ば強制的に動かして、「なるほど、やってみたら意外とよかったな」と本人が気づいたとき、さらに、よりよい未来をイメージさせる。そうやって、一回オンにさせた「やる気スイッチ」を押し続けてもらう作戦が有効です。

いわゆる「飴と鞭」と同じで、ケースに応じてホラーストーリーとハッピーシナリオを巧みに使い分けることが重要なのです。

「うんざりプレゼン」と「すっきりプレゼン」

意思決定者826人を対象とした調査では、相手を飽きさせる「うんざりプレゼン」と、納得感をもたらす「すっきりプレゼン」の典型的な例が浮かび上がってきました。

「うんざりプレゼン」の典型は、ダラダラと長い自己紹介からはじまり、その後も自社製品やサービスの説明など、提案したい項目を一方的に話し続けるというもの。

「伝える」ことが目的なので、用意してきた内容を吐き出すことに終始します。自分では満足しているようですが、聞き手からすると、いつまで続くのかとうんざり顔。終了後、「ようやく終わった。で、要するに何なの？」

と思われてしまう始末です。

ちなみに、AIによる感情分析によると、「要は何？」という言葉は、怒りや憤りを示し、78％の方がネガディブな感情になっていることがわかっています。

つまり、**何が言いたいかわからないプレゼンは、内容が理解されず、共感もされないだけではなく、相手に怒りの感情さえ生み出しかねない**ということ。当然、提案が受け入れられるはずもなく、その後の行動にもつながりません。

では、「すっきりプレゼン」とはどういうものだと捉えているのでしょうか。具体的にあがってきた回答を整理すると、

▼下調べがしっかりされ、興味・関心をしっかり掘り下げてくれている。
▼まず結論を言ってから、理由や意義について語られる。
▼そのうえで数字やデータの裏付けや他社の実例も示されている。
▼重要なことに絞り、端的な言葉で表現している。
▼プラスの変化がイメージでき、納得感をもつことができる。

といったもの。ひと言でいえば、自分が欲しいと思っているものをもらえるプレゼンです。温かいものが飲みたいことを察して、ホットコーヒーを出してくれるかどうか。

そうしたプレゼンは、終了後、

「要するに何なの?」ではなく、

「なるほど、そういうことか」という感情が生まれます。そして、

「よくわかった。よし動いてみよう」

という言葉が出てくる。それこそ最高にすっきりしたプレゼンです。

AIがプレゼンを同時に字幕翻訳してくれる

マイクロソフトはパワーポイント向けの追加ソフトとして、プレゼンテーション話者のリアルタイム字幕翻訳を行う「Presentation Translator」を無償で提供しています。発表者の言葉をリアルタイムで書き起こし、スライドの字幕として表示することができます。発表者の言葉をリアルタイムで認識する処理には、人工知能（AI）が活用され、同時に翻訳します。プレゼンを聞いている人が日本人に限らない場合などに有用です。

発表者の対応言語は、アラビア語、中国語（簡体字、繁体字）、英語、フランス語、ドイツ語、イタリア語、日本語、ポルトガル語、ロシア語、スペイン語の10言語。字幕に表示する言語は60言語以上です。

私も何度か講演で使ったことがあります。英語ではプレゼンできるのですが、ほかは話せません。そこで、日本語も英語も理解できない出席者がいる場では、この翻訳機能を使っています。

AIによる同時翻訳が映し出される。

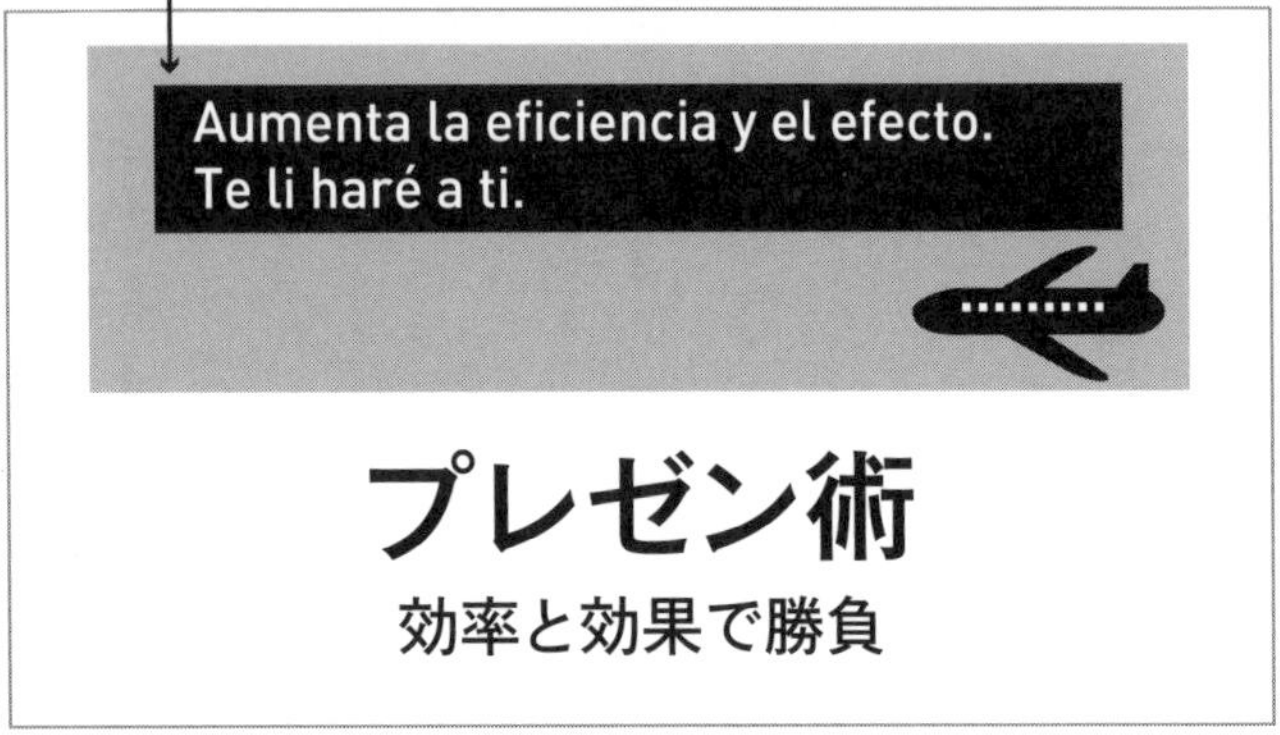
Aumenta la eficiencia y el efecto.
Te li haré a ti.
プレゼン術
効率と効果で勝負

もし複数の言語を翻訳する必要があれば、各言語ごとにQRコードを作成して、各自のスマホで翻訳字幕を見てもらうこともできます。

後で参加者に確認したところ翻訳精度は8割程度だそうです。しかし概要は理解できた、とのことでしたから、この無料ツールを使う価値はあると思います。

※動作の様子はマイクロソフトのYouTubeチャンネルで確認できます。
【Office 2016 新機能】プレゼンテーション 翻訳機能（https://www.youtube.com/watch?v=xIRTtD_tjEU）

第2章

95%が陥るNGプレゼン

プレゼンすること自体が目的になっている

ヒアリング調査を通して、よくない意味で私が最も驚かされたのは、プレゼンを行うにあたり、目的が明確に決まってないケースが非常に多かったことです。

つまりプレゼンすること自体が目的になっている。その割合は、実に55%にのぼりました。

営業成績を競うはずの営業マンでさえ、自社の商材を説明に行くこと自体を目的にしている方が少なくありませんでした。

本来は、プレゼンで相手を納得させ、サインをもらうことで、今月の契約件数や売り上げノルマを達成することを目指すはずなのに、そこをゴールにしていない。

「今日は、顧客への提案を×回もした。ああ、今日は仕事したな」

と満足し、ゆっくりお風呂に浸かってしまうのです。

もちろん、一生懸命に資料を作成し、顧客の前で満足いくプレゼンができたことに、充実感をもつことは悪いことではありません。

しかし、そこで達成感まで抱いてはいけません。その時点では、本当の目的は達成されていないからです。

この充実感が曲者です。遅くまで残業していることを自慢気に「終電で帰るぞ」とSNSでつぶやいているような人は注意してください。

真の達成感を感じるためには、始めに目的を明確にしておくことです。相手にどう動いてほしいか決まってないプレゼンでは、絶対に相手を動かすことはできません。


社内会議でも同じです。社内会議の3分の1は情報共有のためというデータがあるのですが、文字通り、情報を共有することを目的にしてしまっていいのでしょうか。

本来は、共有した情報を、有意義に活用してもらうことが目的であるのに、実際に、その情報を使う人は2割程度にとどまっているという事実。

そうならないためには、会議の場で共有した情報を、どういうときに、どのように使ってほしいのか、話し手がそこまで決め、参加者に促さないといけないのです。

ちなみに、私のプレゼン講座を受講していただいている企業の方々から、

「社内向けのプレゼンと社外向けのプレゼンは性格が異なるので、プレゼン資料の作り方も、変えたほうがいいのではないか」

と言われることがあります。

プレゼンの目的は、情報を共有することではなく、相手を納得させ、思い通りに動かすこと。この根幹は、社外であっても、社内でも変わりません。

ただし、契約を結んでもらうなど、目的を明確に設定しやすい社外向けと違い、社内プレゼンの場合、目的があいまいなことが多いのも事実です。

社内会議の4割が、目的が決まってない、集まることが目的だとも言われています。人間関係の構築や、情報の交換という意味合いもあるので一概に否定はしませんが、その時間が毎週のように必要かという疑問です。

繰り返しますが、社内のプレゼンであっても、共有した情報を、いつ、どういうときに使うかという相手の行動まで設計されないといけません。

目の前に山々があるとして、どの山の頂上に登るか決まっていない人同士が行動しても、

同じ頂上にたどり着くことはできません。

まずは、どの山に登りたいのか、発表者自身が頂上を明確にする。つまり、そのプレゼンを通して、相手にどう行動させたいのか決めるのです。

プレゼンに関わらず、**成功する人と失敗する人の違いとして顕著なのは、そもそも成功の定義が決まっているのかいないのかです。**

度を過ぎた敬語を使ってしまう

聞き手にとって、集中力とエネルギーが最も高まっているのがプレゼン開始直後です。その時間帯に、いかに自分に興味・関心を持たせるかが勝負になります。

にも関わらず、前章でお伝えした通り、肩書きだけを並べた長い自己紹介や、プレゼンの目的とはおよそ関係のない会社概要の説明に時間をかける人が本当に多いのです。

しかも、そういう人に限って「××と申します」「××でございます」「××致したいと思います」といった過度な敬語を使いがち。

意思決定者826人のヒアリング調査でも、「過剰な敬語は不要」と回答した方が9割以上を占めました。

言葉遣いが丁寧であることは大切ですが、過剰な敬語や、顧客に対する行き過ぎた気遣い、いわゆる忖度が多いと、その分、言い回しが冗長になり、本当に伝わってほしいことにたどりつけなくなります。

しかも、敬語を使い慣れていなかったり、緊張が重なったりすると、日常では考えられないような日本語になってしまうこともあります。

私が同行したあるプレゼンでは、話し手が、緊張もあってか、聞き手に問いを発する際、「××でございますでしょうか？」と言いたかったのでしょうが、つい、

「××でござるか？」

と言ってしまったことがあります。そのときの顧客に気さくな方がいて、

「そうでござる」

と忍者言葉でユーモアたっぷりで切り返してくれたため、結果的に場は盛り上がったのは幸いでした。

826人のヒアリング調査では、プレゼン冒頭の、

「本日はお足元の悪いなか」

といった枕詞《まくらことば》やお決まりの文句などどうでもいいから、最初に結論を言ってほしい、と話す方も大勢いました。

「本日はお足元の悪いなか、また、大変お忙しいところ、貴重なお時間をとっていただきまして、まことにありがとうございました。うんぬんかんぬん」

とやると、それだけで貴重な1分間を消費してしまいます。それだけの時間があれば、

「本日は、貴重な時間を無駄にしないために、競合各社の成功例と失敗例から導き出した、半年で売り上げを3割増しにする具体策の提案をさせていただきます」

と言えるはず。

過剰な敬語や無意味な挨拶を入れるくらいなら、根拠を示しながら結論を先に伝えたほうが、圧倒的に効果が高いことがわかっています。

それに、過剰な敬語は場を堅苦しくしてしまいます。それは、本音でやり取りする場としてふさわしくありません。

スライドに多くの情報を盛り込んでしまう

私のクライアントには、官庁や地方自治体などの行政関係も少なくないのですが、そうした機関が作成する説明資料は大抵、文字がびっしりと詰め込まれています。

正直、情報量が多すぎて、読む気になれませんよね。「これだから役所は」という声も聞こえてきますが、笑ってばかりもいられません。よく知られた大手企業も大差ないのです。

次ページ上のスライド図を見てください。担当者はこの一枚を作成するために2時間半をかけたそうですが、きちんと読む人はほとんどいないと思われるため、残念ながら、苦労は報われないわけです。

私たちの調査では、今、ビジネスパーソンが日々取り扱う情報の量は5年前に比べて1・7倍に増えていることがわかっています。

ただでさえ忙しくて、時間が足りないため、資料は流し読みしたいのに、これではどこ

スライドには情報を入れすぎない

悪い例

高性能ソーラーパネルで省エネ・売電事業（省エネ法にも完全準拠）
・1979年に制定された国の省エネ政策の根幹となっている省エネ法に準拠し、持続可能な社会の実現を
・高性能なソーラーパネルを住宅や工場に設置可能で、災害時のライフラインや売電に活用可能に
効率・性能
高効率・低コストなタンデム型
太陽電池技術で発電効率増
○ガリウムヒ素半導体などを素材に
太陽光のうち目に見える短波長光と目に見えない長波長光を吸収するそれぞれのセルの働きによって、より多くの太陽光を電気エネルギーの変換できる
○高性能
シリコン単体の太陽光電池と比べて 1.5~2 倍高い 30% 台の発電効率を発生
住宅・建築物
もしものときのライフライン活用
○緊急対策
・停電時でも電力を供給できる太陽光発電。災害時でも、生活家電を動かすことができます。
○発電量を分かりやすく表示
発電量を分かりやすくお伝えするため、代表的な家電が消費する電力量に換算して表示することが可能です。携帯電話のフル充電回数や冷蔵庫の連続運転時間などの目安を表示することが可能です。
省エネ法による規制
エネルギー消費機器の製造事業者の
努力義務・判断基準の公表
により特定機器に省エネ性能を
一定基準上回る必要性あり
○トップランナー制度（28 機器）
・乗用自動車、エアコン、テレビ等のそれぞれの機器において商品化されている最も優れた機器の性能以上にすることを求める。
工場・事業場
発電した電気を電力会社へ売る全国売電タイプと
作った電気をその場で使う自家消費タイプ
○特定事業者・特定連鎖化事業者
産業用太陽光発電設備は減価償却資産で、法定耐用年数は 17 年で、定率法を選択することで効率的に償却できます。
万全のサポート
全国に広がる拠点の迅速な対応力とアフターサービス
・設置後 1 年以降に無料点検を実施している他、全国に支店・営業所があるので、設置後のメンテナンスも即対応。
・50kW 以上の大規模産業用太陽光発電システムの設置も手掛けております。豊富なノウハウと高い施工技術で安心して設置頂けます。

よい例（修正後）

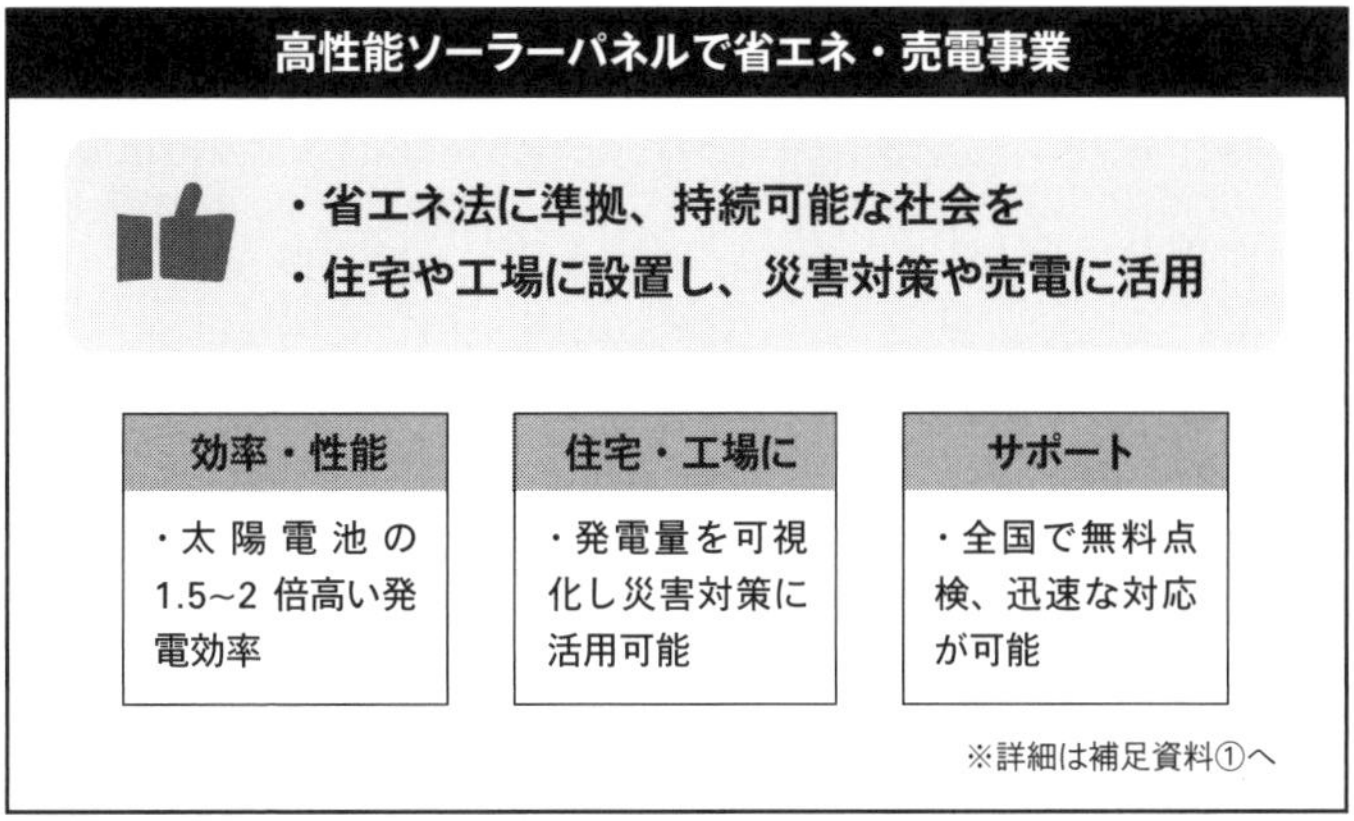

高性能ソーラーパネルで省エネ・売電事業
・省エネ法に準拠、持続可能な社会を
・住宅や工場に設置し、災害対策や売電に活用
効率・性能
・太陽電池の 1.5~2 倍高い発電効率
住宅・工場に
・発電量を可視化し災害対策に活用可能
サポート
・全国で無料点検、迅速な対応が可能
※詳細は補足資料①へ

明です。

を中心に見ていいかポイントもわかりません。パッと見で何を伝えようとしているのか不明です。

そこで作成した方に、

「このスライドの中で、最も重要な、相手に伝わってほしいのはどの部分ですか?」

と尋ねたところ、楕円で囲んだ2行とのことでした。しかし残念ながら、プレゼン講座の受講者に、

「このスライドの中で、どこに目が止まりますか?」

と聞いてみたところ、最も多かったのはソーラーパネルや工場などのイラストでした。

しばらくして、もう一度、

「先ほどのスライドについて覚えている点はどこですか?」

と、尋ねてみたところ、最も大切なはずの2行について覚えている人は一人もいませんでした。結局、何も頭に残らないのです。

ちなみに、AI分析から導き出した、プレゼンの勝ちパターンとして私は、

「1スライドに、アイコンを4つ以上使用してはいけない」

というルールを掲げています。視線があちこちに分散してしまうからです。このスライドの場合も、

「このソーラーパネルって何だろう。この工場は何を意味しているのだろう」

と疑問が次々と生じ、目線が定まりません。

実際のプレゼンでは、遅くとも3分後には次のスライドに進んでしまうことを考えると、すべての文章を読む時間もありません。

では、どういうスライドを使えば「伝わる」プレゼンになるのでしょうか。

下のスライド図は、私が作りなおしたものです。楕円で囲んだ2行だけでも頭に残ってもらえれば目標は達成するため、文字情報はそこに絞り、際立せるように周りには余白をつくりました。

また、ここで書ききれなかった情報はすべて、巻末に補足資料として添付することにしました。

そのうえで、左上に「グッド!」のアイコンを配置することで、まず目線を誘導。そこから、この2行に目を移してもらい、中央にポイントを簡潔にまとめた3つへと、そして

右下の「詳細は補足資料①へ」につなげるように配置しました。横書きの場合、人の目線は、左上から右下へと対角線上に動くことが、ＡＩによる分析でわかっているためです。

プレゼン資料の作成法について書かれた本にはよく、「人の目線はZに動く」と書かれています。左上から右上に移動し、右上から左下に対角線で動き、再び、左下から右下に水平移動するというのです。

しかし、私たちの分析では、左上から右下に一直線に移動していくことがわかっています。

その後の検証によって、下のスライド図を見た人の98％が、その2行を読んでくれたことがわかりました。また、68％が実際に「補足資料①」を見に行っていることが判明しています。

補足資料は、情報を詰め込んだところで問題ありません。あくまで付録ですし、情報が網羅してあるため、その一枚を一人歩きさせることも可能です。

つまり、本当に伝えたいことは、プレゼン中にシンプルなスライドで説明し、「今日皆さんに覚えていただきたいのは、「グッド！」のアイコンの右のこの2行だけ。それ以上、興味がある方は、巻末に付けた補足資料を後でゆっくりご覧ください」とすればいいのです。つまり、順番の問題です。

このスライドを作成するのに私は6分30秒しか要していません。なのに、もとのスライドに比べて、圧倒的多数の参加者に強い印象を残しているのです。

結果がすべて。努力のプロセスには意味がない

スライドに必要以上に多くの情報を盛り込んだり、無駄に枚数を増やしたりする人の心理として、上司や顧客に対して、

「一生懸命やったんです。この努力を評価してください」

とアピールしたい気持ちがあるのだと思います。

確かに、これまでの会社組織は、どちらかというと遅くまで仕事をしていた社員が評価されてきました。業務をスマートに処理するよりも、遅くまで泥臭く働くことに価値が置

かれていたのです。

私が20年ほど前に社会人になったときのこと。地方自治体を顧客とする営業担当であった私は、ある役所に提案資料を届けに行ったのですが、その場で軽く資料を確認しただけで、再提出するように言われたのです。

「なんで中身も読まずに返すんですか？」

と理由を尋ねたところ、

「他社は60枚以上作成してきたのに、御社は20枚にも満たないからです」

という返事。規定の枚数以上ないと受け付けないという決まりがあるそうで、詳しく理由を尋ねても、「それがルールだから」の一点張りでした。

どうしても契約がほしかった私は、適当な情報を盛り込み、枚数だけを増やした急ごしらえの資料を再提出しました。すると、中身ではなく、他社よりもページ数が多かったという点で高く評価されたのです。

かつて日本社会には、成果ではなく、努力や苦労を評価する空気や人事評価制度がありました。どれだけ汗を流し、手間暇をかけたかが問われたのです。

プレゼン資料がこれだけ派手に作られるようになったのは、そうしたゆがんだ意識や評価制度が背景にあったことは否めません。

しかし今、9割以上の企業が、プロセスではなく「成果」を評価するように変わってきました。夜遅くまで提案資料を作成しても、契約につながらなければ、残念ながら評価の対象にはなりません。むしろ、

「そんな無駄なことに貴重な時間を費やす人に任せたくない」

と指摘される危険性さえはらんでいます。

努力や苦労に対して評価する時代は終わりました。今は、短い時間で効率よく成果を残すという「ルール」に変わっていることを認識してください。

無駄なことはやめ、最短距離で成果を残す。努力を見せつけるのではなく、成果をアピールしていかなければならないのです。

しっかり伝えようとして早口になってしまう

「よかれと思って、スライドに多くの情報を盛り込んでしまう」のと同様、「漏れなく、しっかり相手に伝えたい」という心理は、口数の多さや話すスピードに反映されます。

要するに、マシンガントークになってしまうのです。聞いているほうは、頭の回転が追い付かず、ポカーンという状態です。

人には、聞き心地がよく、理解しやすい話し言葉のスピードがあります。弊社の調査・分析の結果、**1分間に130文字（漢字も1文字にカウント）くらいのスピードだと、満足度が高い**ことがわかっています。

NHKのニュースでアナウンサーが原稿を読み上げるスピードがちょうどそれくらい。TV局でキャスターを務めていた知り合いに確認したところ同意していました。おそらく、日本人が心地よく感じる標準的なペースがこの文字数なのでしょう。

しっかり伝えようとすると、つい口数が多くなってしまい、1分間に150〜160文字になってしまうのですが、それでは相手の頭に残りにくい。

「伝える」ではなく、しっかり相手に「伝わる」ことを目的にするならば、スライドの文字数同様、話す量も絞るのが正解です。

逆に1分間に100文字を下回ると、さすがに間延びしてしまいます。ですから、大切にしたいのは「間」の使い方。少しだけ早口で話したあと、最も訴求したいところだけをゆっくりと話す。あるいは、スライドが10枚あるとして、重要なスライドだけ、意識してゆっくり話す。そうした緩急が大事です。


自分が話すスピードが実際にはどれくらいなのか、試しに計測しておきましょう。最初から最後まですべて計測する必要はありませんが、冒頭と力を入れたいスライドの部分だけをボイスレコーダーで録音し、再生しながら、文字数と時間を確認してみましょう。

その結果、1分間に150文字を超えていたら、相手の頭が付いてこられない可能性が高いです。

本人は話す内容を理解しているし、似た内容を何回も話しているでしょうから、多少、早口でも相手に伝わっているように感じるかもしれませんが、それは大きな誤解です。録音・再生すると、「え〜」「あ〜」が多かったり滑舌が悪かったりなど、今まで気づかなかった話し方の癖もわかります。一度、自分の話し方を客観的に見てみましょう。

機能と価格で相手を惹きつけようとしてしまう

商品名は控えますが、「タウリン1000㎎」を強調しているテレビCMがあります。個人的な意見ですが、私はあのCMを見て、商品や企業の認知は高まったとしても、直接的な販売に結び付いているとはどうしても思えません。

なぜかと言うと、タウリンが自分にとって、どういう変化を起こすのか伝わってこないからです。ひょっとしたら、それを逆手に取っているのかもしれませんが、もっと効果的な宣伝方法があるのでは、と思ってしまいます。

一方、その商品を摂取することで、自分にどのような変化が生じるかということだけにスポットを充て、売り上げを伸ばした健康飲料のＣＭがあります。キャッチコピーは「翼をさずける」

機能やスペックの説明は一切なく、その代わりに「翼をさずける」という表現で、身体が軽くなり、元気になるというプラス変化をひと言で説明しています。

その結果、売り上げは、タウリン１０００mgの飲料よりもはるかに高いのです。

今、ドラッグストアでは「タウリン戦争」が繰り広げられています。１０００mgはもちろん、２０００mg、３０００mgのものまで売られています。

数字のトリックとして、１ｇよりは１０００mgと言ったほうがボリュームが感じられるため、mg単位で競っていることは理解できるとして、あまり生産的な争いとは思えません。

実際、タウリンの含有量と価格や売り上げは比例しているわけではありません。３０００mg入りの飲料のほうが安く、しかし売れてなかったりもします。

タウリンによって消費者はどう変化し、どういう課題が解決するのか。そこをしっかり伝えないことには、数字で表現する意味がありません。

同様に、意思決定者826人へのヒアリングの結果、プレゼンで心を動かされることのない売り文句として以下のようなものがあがりました。

▼この電子レンジは、従来品と比べて機能はそのままにサイズが80％になりました。
▼この冷蔵庫はマイナス20度をキープすることができます。
▼このパソコンのCPUは、最新の××を使っています。

共通しているのは、機能やスペックだけを訴えようとしている点です。

真面目さゆえなのか。日本の営業スタッフの特徴として、そうした点を強調したがりますが、カタログを見れば詳しく書いてあるデータの説明で、人の心は揺さぶられません。

それがもたらすプラスの変化を感じてもらわないことには、人は動いてくれないのです。

まずは、変化を想像させ、そのうえで、「なぜならば」という裏付けの形でデータやファクトを示すという順序が重要です。例えば、

「この電子レンジがあれば掃除がラクになります。なぜかというと、台所って、調理家電

が多い割にコンセントの数が少ないので、どうしても一カ所に集中し、ごちゃごちゃしてしまうもの。その点、このレンジは、機能は同じなのにサイズが20％小さくなっているので置き場所を選びません」

と、順番を少し変え、お客様にとってのメリットを打ち出す。そうしたプラスの変化を感じてはじめて、人は行動に移しやすくなるのです。

モノ消費の時代は終わり、コト消費に変わっています。企業名やブランド、機能や価格といったスペックだけでは、消費者は動きません。

頭が真っ白になったら物に触れる

緊張したり不安になってしまうことは、ビジネスシーンに付きものです。しかし、緊張や不安を見せては、相手を説得できません。そういうときこそ、ジェスチャーをうまく使うことで、心身がほぐれてうまく話せると言われています。

全国でプレゼン講座を展開してきました。なかには不安や心配、緊張を感じる生徒もいます。そのような悩みを持つ生徒には、何か物に触れてください、と伝えます。机やパソコン、椅子などに触れていると落ち着いてプレゼンに臨むことができるようになった方が大勢います。

多くの方は不安になると喉を触ったり唇をなめたりして、自分を落ち着かせようとします。これは心理学的に「なだめ行動」と呼ばれる行為です。しかし、この行為は自分が緊張していることを相手に悟られてしまうことが多いため、自分ではなく物を触るようにアドバイスしています。

緊張したときは、自分がそのことを受け入れることが必要です。緊張している自分はダメな自分という認識ではなく、重要なプレゼンなのだから緊張して当たり前と認識したほうが緊張をコントロールしやすいのです。「ああ緊張してきた」と堂々と口に出したほうがむしろ、それ以上緊張しないですむようになります。

緊張すれば、頭が真っ白になり、覚えてきた内容を忘れてしまうこともあります。思い出そうとしても、何を忘れたのかがわからないのです。そのような状態になる可能性があるのであれば、カンニングペーパーを用意しておきましょう。文章をそのまま読むのではなく、いくつかの重要なポイントやプレゼンの流れを付箋紙にメモしておくのです。このメモを持っているというだけで落ち着く人もいます。

メモは自分と観客を結ぶ線上で見えやすいところに貼っておきます。パソコンのキーボードに貼ってしまうと、自分の目線が下がり、参加者の集中力と理解度はどんどん落ちていきます。パソコンのモニターの上など自分の目線が落ちにくい場所にメモを用意しておくのがいいでしょう。

第 3 章

人を動かす最強のプレゼン技術

個人的なストーリーを語り心理的な距離を縮める

こちらの思い通りに相手を動かすためには、信用・信頼を与え、心理的な距離を縮めてもらわなければいけません。つまり親近感をもってもらうのです。

信用・信頼という点ではデータやファクトが大切なことは述べました。ただし、データそのものよりも、そのデータが生み出された背景や、そのデータからどういったことが見いだされるかについて、点と点を結ぶように伝えることが効果的です。

一方、親近感という点では、「なぜ自分は今日、それを提案したいのか」という意義や理由、目的について、個人にまつわる経験談やストーリーを交えながら訴えることが、相手の心に響き、共鳴させやすいことがわかっています。

再び「働き方改革」を例にするなら、

「今、皆さんが抱いている疑問は、かつて私も同じように抱いていました。実は私も以前は、働き方改革に否定的でした。なぜなら、早く帰らされることでモチベーションが下がったからです。ただ、形式的なものではない真の働き方改革を進めたことで、仕事の時間を短くすることに大きな意味があることが実感できました。生産性が上がり、精神的なゆとりもでき、幸福度が上がったからです」

というように。**自分の経験を交えながら、使命感や正義感、思いのたけなどを訴えることで、話し手に対する親近感を高める**のです。

「なるほど」と思わせて行動につなげる

プレゼンの内容が相手に伝わったとして、実際の行動につなげるために大切なのが「腹落ち感」です。

業務改革のコンサルティングをしていたとき、社員の行動変化について調べたことがあります。行動するときに腹落ちしてない人、例えば、上司がやれと言うからやっているだけで、納得して動いているわけではない人たちは、平均して9カ月で行動を止めてしまうことがわかりました。

それはそうですよね。やっている理由がわかっていないのですから、時間が経てば元に戻ってしまうのは当然です。

例えば、残業を減らすために、夜間になると一斉に照明を落とす企業は多いのですが、その決まりに対して腹落ちしていない社員は、室内が暗い中、手元の照明だけを頼りに仕事を続けたり、いったん退社した後、近所のカフェで遅くまで仕事を続けることになります。

一方で、腹落ちしている人たちは、照明が落とされる前に業務を片付けようと努力と工夫を重ね、それがいつまでも継続していきます。

なぜ、そうしなければならないのかという「Ｗｈｙ」がわかっている人は、どのようにという「Ｈｏｗ」に意識が移ります。「Ｗｈｙ」がわかっていない人は、小手先のテクニックでごまかすだけ。

ですから、例えば「社員満足度を上げる」という提案をするのであれば、

「社長、社員満足度を上げていきましょう。社員全員が、月曜日の朝に出社するのが楽しくなるような、生き生きと働ける環境をつくりましょう」

と、表面的なことを提案しても行動に移すことはないはず。なぜなら、どうして社員満足度が高いことが大切なのかピンと来ないからです。そうではなく、

「社長、会社で働くことに満足している社員は業務貢献度が35％も高いんです。社員の満足度を上げることで、働きがいをもてるわけだし、それが会社を今後100年継続させることにつながります」

という根拠を示しながら提案すると、「Why」がわかるので、腹落ちし、頭に残る可能性が高いのです。

思い通りに行動に移させたいのなら、内容を正確に伝えるだけではなく、「なるほど、そうか」という腹落ち感をもたせることが大切です。

人を惹きつけて動かすEQ・JQ

人は必ずしも損得勘定だけで動くわけではありません。それは営利企業でも同じこと。

「この人のためだったら、損得は抜きにして、ひと肌脱ごう」

そう感じさせてくれる人物が周囲に一人、二人はいると思います。そういう人たちの特徴として指摘されているのがＥＱの高さです。

ＥＱとはEmotional Intelligence Quotientの略。自分の感情を認識し、コントロールできる力や、他者に共感し、理解できる力のことで、「心の知能指数」とも言われています。

高度成長期は、言われたことを速く正確にこなす人が求められ、学校でも社会でも、そういう能力が評価されてきました。

ただし、そういう人が人間的に優れているかどうかは別問題。コミュニケーション能力に欠け、周囲から孤立しているような人も少なくありませんでした。

そこでＩＱ（Intelligence Quotient）の高い人＝頭のよい、優れた人という、これまでの尺度ではとらえきれない、「感情知能」を測る指数として広まってきた概念がＥＱです。簡単に言えばハートの力。

ＥＱが高い人は、自分の置かれている状況や相手の状況をうまく把握し、自分の感情をうまくコントロールできるため、人間的な魅力に富み、質の高いコミュニケーションを行うことができます。意識しているかどうかは別にして、多くの人を巻き込みながら、複雑な課題を解決していくことにも優れています。

実際、**私がコンサルティングをしているクライアント企業でも、成績上位5％に入る人は、ＥＱが高いと言われる人たちでした。**

最近は、ＪＱという能力についても注目されています。Judgement Quality、何が善かを見極める判断力です。三菱商事やマッキンゼーを経て一橋大学大学院で客員教授をしている名和高司氏が、その著書『コンサルを超える　問題解決と価値創造の全技法』で紹介している、ＡＩにはできない人の判断能力を指しています。

ＪＱに優れている人は、目先の利益にとらわれず、大きな視点で判断し行動に移します。「これは将来、必ず求められるから、今のうちから、やっておかないといけない」という「あるべき論＝ＴＯ ＢＥ論」の発想で動くことができるのです。

資本主義社会は、富をいかに自分に集約するかという、私利私欲にまみれた競争社会でした。しかし、ＳＤＧｓ（持続可能な開発目標）が掲げられ、持続的可能な社会が志向される今、限られたリソースを奪い合うのではなく、広く還元したり、循環させたりする考え方が浸透しています。

ＮＰＯや社会起業家、ボランティアが増えているのも、資本主義社会の歪みと限界を実感しているからでしょう。

利益は還元されるべきもの。能力は弱者のために使うもの。受けた恩はなんらかの形で返すもの。そうした発想で動くことが、これからの人々の琴線に触れると思います。

心の知能指数が高く、正義感にあふれ、広い視野で語れる人が、人を巻き込み、動かすという事実。これはプレゼンにも参考になります。

これまで述べてきた「経営者は感情で動く」「自分の経験で話す」「情熱をもって自分の思いを相手に訴える」というのも、そういうこと。

いくら経験が豊富で、専門性が高く、さまざまな情報をもっていても、心がこもっているとはいえず、利己心の塊であるような人の話に共感はできません。

特に社内会議で、なかなか協力してくれない社員を巻き込みたいのであれば、「あるべき論」で理想を語ることで、共感を生みやすいことがデータとしても出ています。

また、ＪＱの高い人は、将来を見据えた長期的な意思決定をするため、短期的な損得を説得材料にするのではなく、数年後を見据え、未来のあるべき像を先に話してから、そこを埋めるための具体的な施策を提案しています。

真似をすれば誰でもEQ・JQを高められる

EQやJQが高いと言われる人のプレゼンをビデオやICレコーダーに録画、録音して分析した結果、よく使われている言葉があることに気づきました。それは、「そもそも、このプレゼンは」「そもそも、何のためにするのか」というように、「そもそも」という言葉が多用されているのです。

話題が枝葉末節に流れそうになったとしても、「あるべき像」といった根幹に戻ろうとするからなのでしょう。

ちなみに、529社でコンサルティングをしてきた経験として、組織運営がうまくいっている企業の特徴の一つは、「会社はこうあるべき」というビジョンが社員に浸透していること。社員の頭に「あるべき像」の絵が共有され、行動が一本化しているからです。

このほかにＥＱが高い人の話し方の特徴として、人の意見にすぐにＮＯと言わないことがあげられます。ＥＱが低い人は、相手の意見が自分と違うと、すぐに「しかし」と否定して、自分の意見を言いはじめるのと対照的です。

ＥＱが高い人は、たとえ反対の意見を述べるときも、一旦は相手の意見を認めたうえで、「だけど」「でも」といった否定形ではなく、「さらに」とか「そして」という接続詞を使って、その後に続けます。つまり、「Ｙｅｓ、ａｎｄ」です。

これらは意識してやっているわけではありません。本人に聞いても、

「何も、特別なことはやっていませんよ」

と言います。データをとって客観的に分析してはじめて明らかになった事実です。

では、ＥＱ・ＪＱが生まれつきの資質であるならば、それが備わっていない人は、どうしようもないのでしょうか。

単に、真似をすればいいのです。これについても実証実験をしてみました。

「プレゼン中、『そもそも』という言葉を取り入れてください」

「あるべき像、TO BE像について、考えてもらうようにしてください」
「相手の意見に対して、否定から入らないでください」

ということを意識してもらったところ、プレゼン後の成約率は次第にあがっていきました。

EQ・JQの高い人が無意識にしていたことを、一般の人に適用させたところ、同じようにいい結果が生じたので、再現性のあるルールだと言えます。

難しく考えず、まずは形から変えてみることから始めましょう。

プレゼンは「結論→理由→事例→結論」で組み立てる

プレゼンの持ち時間のなかで、どう構成を組み立てるか。正解はありませんが、参考にしてほしいのが「CRECの法則」です。

▼Cは、**CONCLUSION**。プレゼンを通して相手に伝わってほしい「**結論**」です。

▼Rは、**REASON**。それはなぜかという「**理由**」や「意義」を伝えます。

▼Eは、**EXAMPLE**。他社の「**実例**」や先行事例を紹介し、説得力をもたせます。

▼Cは、**CONCLUSION**。最後に再び「**結論**」を強調して終えます。

最初と最後に、そのプレゼンにおける「結論」を示し、なぜそれが重要なのかという「理由」や「意義」を、「事例」を含めて間に挟むのです。

一般的には、「CONCLUSION」を「POINT」として置き換えた「PREPの法則」として知られていますが、プレゼン講座の受講者から、

「ポイントとは何ですか？」「何をもってポイントとするのですか？」という質問を受けることがよくありました。英語では「POINT」という単語には結論という意味合いも含まれているのですが、確かに日本人にはピンときません。その点、「CONCLUSION」（結論）としたほうが、意味が伝わりやすいため、私は少し改良し「CRECの法則」として使っています。

では、順に解説していきましょう。まずはCの「結論」について。

繰り返しますが、プレゼンの目的は、行動に移してもらうことです。弊社の調査では、プレゼンのなかで**「相手の行動目標」を具体的に盛り込んだかどうかで、その後、実際に相手が動いてくれた確率が2・2倍変わる**ことが判明しました。

「本日、私は情報を伝えに来たのではありません。マーケティング効果を20％高めるための手法について提案し、そのために、明日からできることを実践してもらうために来ました。納得感をもって、あなた方が行動に移せるよう、その理由をこれから45分かけてお話しします。その目標で合っていますよね」

と最初に結論から入ることで、聞き手の期待値をぐっと上げることができるし、同じ方向に目を向けさせることもできます。

続いて、Rの「理由」「意義」です。

冒頭でプレゼンの目的、すなわち「結論」を説明したわけですが、なぜ、それをしなければならないのかという理由や意義がわからないことには、人は行動に移しません。

それも、表面的な理解ではなく、腹落ち感をもたせることが重要です。例えば、「働き方改革によって、利益率を上げる」ことを目指す提案であるならば、

「なぜ働き方改革なのか。それは変化に対応していかないと、企業として生き残ることができないからです。ただし、働く人にとっての意義とは、人生100年時代といわれるなかで、いかに幸福度を高められるかです。つまり、会社が存続することと、社員が幸せになることの両立を目指すことが働き方改革の目的なのです」

というように理由を説明し、

「なるほど、なぜやらなければいけないかわかってきた」

と納得感をもってもらってはじめて、行動に移す確率が高まるのです。

次にEの「事例」です。

これについては、社外の顧客向けプレゼンで効果が出る部分です。

「当社のサービスを導入していただいたことで、これだけの効果が見込めます」

と、具体的な数字を入れながら、他社の事例を説明するのが基本です。ただ、それだけでは、

「都合のいい数字しか出していないのでは。失敗したケースもあるのに隠しているのでは」

と信ぴょう性が低くなるため、失敗の事例も盛り込むことが有効です。

ヒアリング調査でも、**プレゼン資料に失敗事例が入っている場合は、入っていない場合に比べて3・7倍、心を動かされたことがわかっています。**

顧客の多くは、他社の成功例だけを知りたいのではありません。

▼AとB2つのやり方があったとして、どちらを選んで成功したのか、あるいは失敗したのか。

▼当初、失敗していた会社が、それをどう乗り越え、成功に至ったか。

というプロセスも知りたいのです。

また、他社の事例をそのまま紹介しても、

「うちは事情が違う。あの会社だから成功したんだろう」

と反論されることはよくあります。そのため、変に一般化するのではなく、顧客の置かれている状況に合わせた具体的な提案をしなければいけません。

「同じ業種、業態、規模で、似た課題を抱えている××社さんは、Aのやり方ではうまくいかなかったのですが、Bのやり方を採用したところ成功しました。御社の事情を考慮しても、ある程度参考になると考えています」

というように。そのためには顧客に対する十分なリサーチが必要となることは言うまでもありません。

そして再びCの「結論」です。

冒頭、プレゼンの目的を説明したわけですが、相手に確実に行動に移してもらうためにも、最後に結論を念押ししましょう。

例えば、質疑応答を終え、会場に文字通りの対話の雰囲気が生まれた最後の最後に、

「以上のように、売上向上のノウハウに関しては5つのポイントを説明しました。ただし、冒頭でお伝えしたように、本日は説明するのが目的ではなく、このうちのどれかを実際に

やっていただくことが目的です。ぜひ、本日から2週間以内に行動に移してください」

などと、自分の要望も伝えるのです。それなしで、

「ちょうど時間になりました。本日はご清聴ありがとうございました」

で終わってしまう場合と比べ、行動に移そうとする気持ちが格段にアップします。

相手を否定するときは、前後で必ず肯定する

CRECの法則で、「理由」や「意義」を伝える際、現在、置かれている相手の状況を遠回しに否定しなくてはならないことがあります。なぜなら、

「今のままで正しい。今のままでいてください」

という提案を、わざわざする必要はないからです。そのため、

「このままでいいのでしょうか。もっと、いい未来が開けるのではないでしょうか」

というように、表現はともかく、現状を否定せざるを得ません。一種のダメ出しでもあるため、根拠となるデータに加え、相手の感情を害さない婉曲表現が必要です。

相手を否定する際は、「サンドイッチ作戦」といって、前後に肯定する言葉を入れて挟むといいでしょう。例えば、

▼「社員のことをすごく気にされている素敵な会社だと思います」（肯定）

▼「ただ、全国調査によると会社員の80％の人が働きがいを感じていないことがわかっています。御社の社員も、そこまでではないですが、同じ傾向があるようです。利益率が上がっていないのは、そうしたところにも要因があるのではないでしょうか」（否定）

▼「とはいえ、社員思いの社風は素晴らしいので、経営者の思いと現場の思いをうまく融合させる提案をさせていただきたいと思います」（肯定）

という具合。決して否定のための否定ではないことを理解してもらいましょう。

もしも、信頼関係が完全に構築されていて、何を話してもいいという心理的安全性が担保されているのでしたら、ストレートに、

「それは、間違っていますよ」

と、いきなり否定から入っても構いません。多少ムッとされたとしても、その後に、「な

ぜならば」という前向きな話が続くことを知っていて、話を聞く身構えができているからです。

しかし、そうした関係性ができていない場合は、否定する前に必ず、気分をよくしてもらっておくことが大切です。どんなに論理的に物事を考える人でも、否定されると嫌な気分になるものだし、褒められて不快になる人もまたいないはずだからです。

「御社が今までやってきたことに間違いはありません。ただし、現状からずれてきたところもあるため、少し方向を変えることも必要です。目指している山自体は変わらないので、登るルートを変えてみましょう」

と、否定から肯定の流れにするのであれば、方向転換として捉えてもらえますが、

「それ、登るルートを間違えていませんか」

という完全な否定は、耳を閉ざされる恐れが高まります。

第4章

最強のプレゼン【シナリオ構成】術

圧倒的なデータでわかったプレゼンの勝ちパターン

私のプレゼン講座の受講者は1万8000人を超えています。実際には、もう少し多いのですが、受講1カ月後に実施するアンケートの回収サンプル数が、それくらいの数字になるのです。

そのアンケートのなかで、

「プレゼン講座で学んだことを、実際のプレゼンで行動に移しましたか?」

という質問に、「はい」と答えた方が85%いました。そのなかで、

「講座で学んだことを取り入れたことで、よいことがありましたか?」

という質問に、「はい」と答えた方が92%いました。さらに、

「自分の思い通りに、相手を動かすことができましたか?」

という質問に、「はい」と答えた方が82%いました。

つまり、**企業の意思決定者826人に対するヒアリングや、5万枚を超すプレゼン資料を使った分析と、4513人による実証実験で導き出した「ルール」に基づいて、プレゼンのやり方を変えてもらったところ、プレゼン本来の目的である、「相手を思い通りに動かす」ことができた人が、85%のうちの92%ということで、約70%いたわけです。**

実数にすると約1万2000人です。そのなかには、

「営業成績が短期間で2割も上がりました」

「社内の抵抗勢力を説得し、一緒に動いてもらえるようになりました」

「実績が評価され、昇進できました」

と回答した方もいました。

1万8000人の中には、クライアント企業の社員もいますし、bosyuというサービスを通じて個人向けに提供している講座の受講者も含まれます。

つまり、もともと営業成績が上位の人だけではなく、プレゼンが不得意な方や、入社1年目の新人もいるのです。そうしたさまざまな立場の人でも一様に効果を発揮したというわけです。

第4章以降は、そうした、誰でもすぐに活用できるプレゼンの勝ちパターンをシーン別

にまとめてみました。

ただし、それらはあくまでテクニック。その前提として、第1章から第3章までに記したプレゼン本来の目的に常に立ち返ってこそ活かせる、ということを心に留めてください。

自分と相手の目的を明確にしておく

いくら戦術に優れていても、目的自体があやふやであれば、それを達成することはできません。まずは登る山がどれなのかを見極める必要があります。

また、相手が何を求めているのか、今の課題は何なのかを明らかにすることも大切です。これがわからなければ、頂上までのルートが見つかりません。

そのためにはしっかり下調べをすること。次項で詳しく述べますが、できれば事前にヒアリングをして、相手の立場や属性を把握したいものです。

それによって、もしかしたら、意思決定者である主催者は、すでにプレゼンする側の提案に賛同しているけれど、その他の出席者の多くは消極的であり、「そうした慎重意見を覆し、メンバーのモチベーションを上げるためのプレゼンをしてほしい」

という思惑が主催者にある、ということがわかるかもしれません。

そうした微妙なニュアンスを事前につかんでいるのと、そうでないのとではプレゼンのシナリオが違ってきます。

意思決定者向けのプレゼンなのか、抵抗勢力の心を動かすためのプレゼンなのかで、伝える内容は一緒でも、感情に訴えるとか、論理で訴えるかというアプローチも違ってくるし、CRECでいう「意義」や「実例」で出すカードも変わってくるのです。

聞き手のニーズを「需要」とすれば、話し手の目的は「供給」。それらが明確になってきたら、あとはその差をどう埋めていくか、そのためのシナリオを作成します。

両者の差が大きくなければ、条件面のすり合わせといった細かい手続きになるため、高度なプレゼン技術は必要ありません。

ただ、わざわざプレゼンの場を設けるということは、重なる部分が少ないか、重なりが見えていないかということなので、供給側がそれを可視化し、広げていく必要があります。

仮に冷蔵庫を売りたいとして、

「冷凍庫の容量が大きい」「チルドスペースが3つある」「扉がワンタッチで開く」

といった機能やスペックは変えられませんが、それらの機能が生み出す価値をどう捉えるかは相手によって異なります。例えば、相手が忙しい主婦であれば、

「一度の買い物で、大量の冷凍食品をストックできるため、自由な時間が増えますよ」

というアプローチが有効になります。

相手が欲していることをヒアリングで調べておく

プレゼンの成否は準備で9割決まります。

本当に相手を動かしたいのであれば、自ずと準備するはずです。気に入った異性と親しくなりたいのなら、その人のことを知りたくなるのと同じです。デートに誘うにしても、

相手が好みそうな服装をしたり、レストランを探したりするはずです。

それと同じく、社外プレゼンの場合は、相手企業の現状や課題感など、十分なリサーチが必要です。例えば、

▼参加者の属性（抵抗勢力なのか、意識が高い方たちなのか）

▼決裁権者の意思決定における志向や傾向

▼組織の課題

▼目指している将来像

など。特に、相手がどういう課題をもっていて、何を欲しているのか。どのように喜びを増していきたいのか。あるいは今、痛みも悩みも抱えていないのか。そうした見極めが重要です。

少なくとも、直近の決算資料や中期経営計画などには目を通しておきましょう。経営者が何を課題に感じ、どこを目指しているかが読めるからです。

それにより、CRECでいうところの「理由」（意義）や「実例」の出し方が変わってきます。特に、他社の「実例」は出そうと思えばきりがありません。けれど、相手の置かれた状況を理解することで、的を絞った実例を提示することはできます。

多くの人は、提示する情報は多ければ多いほどいいと勘違いしますが、顧客に響く情報以外は無意味です。アウトプットに結び付かないインプットは時間の無駄であることを理解してください。

大切な顧客に、ここぞという重要な提案をするときは、可能な限り、事前に関係者のヒアリングをするべきです。

わざわざ時間をとってもらうのは気が引けるかもしれませんが、プレゼンを有意義なものにするために双方にとってメリットがあります。

私も、クライアント企業の経営会議などでプレゼンするときは、事前に、社長室長や経営企画室長に時間をいただき、会社の現状や課題、経営陣がどのようなタイプの人たちなのか十分ヒアリングをしたうえで臨みます。

公開されている情報と、当事者に直接会い、対面で得られる生の情報とでは、その質に雲泥の差が生じます。例えば、

「抵抗勢力と言われる方も多いのですか?」

という答えにくい問いに対して、言葉を濁しながら、

「まあ、組織ですからいろいろありますし……」

と苦笑いする表情からも、うかがい知れる情報は少なくないのです。

4513人の実証実験の結果でも、社外プレゼンで、**事前ヒアリングをした場合は、しなかった場合と比べて、その後の商談成約率が約2割上回る**ことがわかりました。

ヒアリングを通じて、意思決定者の判断基準や傾向がわかれば完璧です、例えば、

▼感情で動く人なのか、数字やデータで動く人なのか。

▼コスト削減を志向する人なのか、利益向上を目指す人なのか。

▼社員満足度を高めたいのか、株主優先なのか。

など。上級テクニックになりますが、直近の意思決定の場面でどういう判断をしたかを知ると、戦術面でアプローチしやすいと思います。

例えば、経営者の多くが社員の幸せや生活の質向上に注力されている一方で、そういうことをあまり気にかけず、独断で物事を決める経営者もいます。

そうしたタイプには、経営者の決断力やリーダーシップに期待するようなアプローチをとるべきであり、反対に、

「社員のみなさんは、こういう思いでいますよ」

という提案では逆効果になるという判断が事前にできるはずです。

抵抗勢力には肯定してから協力を仰ぐ

プレゼンをする相手が全員、意識が高いとは限りません。

どのような企業や団体で、行動に移すことに消極的な、さらには改革の足を引っ張る「抵抗勢力」と言われる人たちがいます。よく「2対6対2」と言われますが、そうした2割の消極的な人たちをどう動かすかが課題になることもあるでしょう。

その場合、そうした「抵抗勢力」の人たちが、なぜ保守的で動きたくないのかをリサーチするところから始めます。

すると意外にも、単なる怠け者ではなく、愛社精神が人一倍強かったり、過去にヒット商品を開発したりなど、成功体験をもっている方が多いことに気づくこともあります。

某メーカーで営業部門主導の新規事業のお手伝いをしていたときのことです。ある開発部長が、強力に反対しました。私のような外部の人間と話しても仕方がないというスタンスで、なかなか心を開いてはくれません。そのため私は、その方をよく知る周囲の人からアプローチすることにしました。

聞けば、その方はかつて、画期的な新製品の開発でイノベーションを起こし、世界的なシェアの獲得を成功させた人でした。そこに固執していたのか、グローバルスタンダードに合わせるような新しいやり方に不満を抱いていたのです。

しかも、新規事業を主導するのは営業部門の若手。その方にとっては、

「入社5、6年の若手に何がわかるんだ」

という気持ちもあったのでしょう。

なぜ動かないかの理由が理解できたことで、突破口が開けました。私は、休憩時間を利用しては話を聞きにいき、その方を肯定するところから始めました。

「国内の強敵を破ったことはすごい功績ですし、製品開発にかける情熱があってこその成功だと思います。ただ、今はライバルが国内ではなく中国や韓国の企業に変わっています。

それにオープンイノベーションの時代。外部の人間や若い人のほうが情報が入りやすく、柔軟な発想ができます。戦い方はこれまでと大きく変わっていることは理解してほしいのです。営業部門とプロジェクトを組み、外国企業にはない魂を込めたものづくりはそのままに、開発の手法を新しいものへと変えていきませんか。ぜひ協力してください」

まずは相手を認めたうえで、さらなる変化の必要を説き、協力を求めたのです。

確かに「抵抗勢力」と言われる人たちを動かすには高いハードルがあります。

ただ、反対していた人ほど、納得感をもって動きだしたときには、大きな力となってくれるもの。「2対6対2」でいう6割の人たちよりも、よほど強い味方になってくれるのです。

この事例も、まさに、その見本のようなケースとなりました。

パワポを立ち上げる前に手書きでシナリオを描く

プレゼン資料の作成にあたり、パソコンを立ち上げる前にしてもらいたいのが、頭の中でシナリオを練ることです。

相手はどういう属性の人たちで、どういう課題をもっていて、伝わってほしいことは何で、どのように動いてほしいのか。それによってどういう変化や未来が広がるのか。そのためにはどのような構成にするのが効果的か。画像や図解の見せ方はどうするか。キーワードやフレーズは……。

といったことをあれこれ考え、ノートに手書きでメモしていく。箇条書きでもいいし、ストーリーボード（台本）のようなものにしても構いません。

次ページの写真は、私の手書きシナリオです。人に見せるものではないため、きれいに描く必要はありません。なにしろ頭をフル回転させ、イメージを広げていくのです。

パワポ起動前の下準備

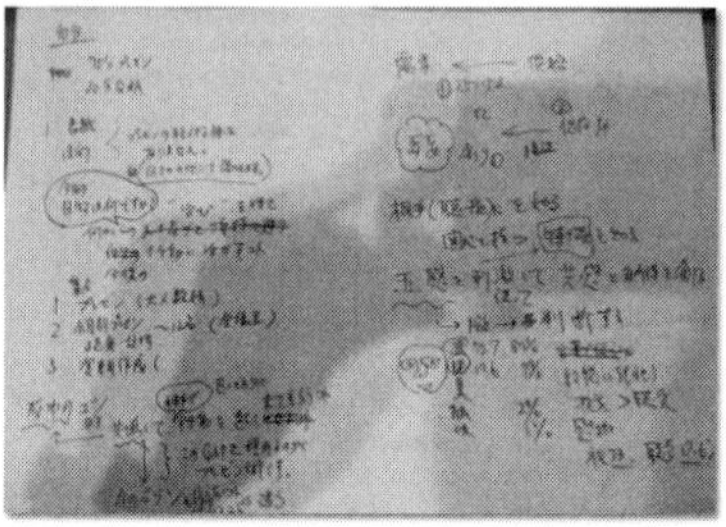

- ・初めはパワポを使わない
  ➡ 脳が止まりやすい
- ・手書きやワードでアイデア出し、全体像を構成
  ➡ パワポ作成

気分を変えたり、アイデアを広げたりするために、カフェや図書館などを利用するのもいいでしょう。メールやメッセージなどに邪魔されることもありません。

パワポを立ち上げるのはその後です。

私はシナリオの作成にあたって「手書き」を推奨しています。プレゼン講座の受講生にも、

「シナリオをつくるときは、パソコンを立ち上げないでください」

と、いつも強調しています。

プレゼンの準備というと、多くの方がすぐにパワポを起動します。しかし、頭が整理されていない段階でパワポの画面を前にすると、

「あれも入れたい。これも入れたい」

と、頭の中に浮かぶたくさんのものを、ただ落とし込

むだけの作業が発生し、いたずらに情報が増えていくのです。そのほうが考えなくていいので楽なのです。

また、画像や図形、テキストスペースの配置やバランスが気になったり、文字を加工したりと、頭ではなく手を動かすことに集中してしまいがち。

ちなみに、パワポで図形の位置を調整する時間は、平均して年間7時間30分もあることが弊社の調査でわかりました。それに見合った成果がでるならまだしも、さすがに時間のかけすぎです。

４５１３人による検証でも、いきなりパワポを立ち上げて資料を作りはじめる人に比べ、手書きで頭を整理してからパワポを立ち上げる人は、同じ内容でも2割ほど作業時間が少ないことがわかりました。

思考を自由に広げながら手書きで整理し、清書や仕上げをパワポで行うというのが、質的にも効率的にも正解です。

ただし、パソコンのほうが文字入力が速いし、慣れているという人は多いでしょう。その場合は、パワポではなくワードを使うことをお勧めします。ワード上で、

▼相手の目的と自分の目的
▼相手の属性、課題、事情
▼「CREC」をベースとした結論、理由・意義、実例の吟味や効果的な出し方
▼持ち時間から逆算した構成と各スライドのタイトル、内容

などを、箇条書きにしたうえで、パワポに落とし込む。そのほうが、いきなりパワポを使うよりも作業時間を短縮できるはずです。パワポだとどうしても、テキストボックスや図形の配置など、余計なことに煩わされてしまうからです。

ちなみに、パワポには、ワードからのインポート機能もあります。ワードで20のストーリーを作成し、インポートすると、それだけで20枚のスライドがタイトル付きでできあがるので便利です。

ところで、一度作成したプレゼン資料は、その後、使いまわしてもいいものでしょうか。同じような課題を抱える、同じような相手に、同じ内容の提案をするのであれば、以前使った資料を、微調整しながら活用することをためらうことはありません。

ただし、新規の顧客の場合は要注意。既存の資料ありきで、

「ここをピックアップして、ここをカットしよう」

と、深く考えずに進めると、肝心の

▼相手の目的と課題は何であり、どのようにギャップを埋めていくのか。

▼どのように未来創造価値をイメージさせ、TO BE像（あるべき姿）に近づけるのか。

ということを忘れてしまいがち。

手間は増えますが、一度、パワポから離れ、手書きでシナリオを作成するところから始めたほうがいい場合も少なくありません。

「伝わる」とは、相手の頭に同じ絵を描いてもらうこと

プレゼンの目的は「伝える」ではなく「伝わる」こと。そう何度も述べていますが、「伝わる」とはどういうことか、それを科学的に調べたところ、相手の頭の中で絵としてイメージできたときの状態のことだそうです。

つまり、こちらの頭や意識の中に浮かんでいる絵（心象）と、相手の頭や意識の中にあらわれてくる絵が、まったく同じものになったときの状態を指すのです。

逆に言えば、本来、絵として伝わってほしいことを、プレゼンでは文字や言葉を使って説明していることになりますから、スライドに写真や図解、動画などのビジュアルを挟み込むことは、相手にイメージを膨らませてもらううえで効果的です。

自分が思い描いたものと同じ絵を、相手の頭に浮かび上がらせるには、自分が思い描いている絵が具体的でないといけません。

自分が具体的にイメージできていないのに、相手に伝わるわけがないからです。しかし、案外、そこがぼんやりしている人が多いのです。

相手に生じるプラスの変化や「未来創造価値」をイメージさせることが大切だと述べてきましたが、それはどういうことか。例えば、

▼小型の調理家電の導入によって整理整頓されたキッチンで、生き生きしている主婦。

▼働き方改革で公私ともに充実している明るい表情の社員。

といったとき、自分の頭の中ではどのようなビジュアルとして浮かんでいるのか。絵を描くことが不得意でなければ、手書きシナリオの段階で、簡単なイラストとして描いてみることもお勧めします。

相手に伝わってほしいことを、まずは自分のなかで視覚化しておくことで、その後の提案がより具体的になると思います。

第5章

最強のプレゼン【資料作成】術

伝わってほしいことの周りに余白を作る

プレゼンで大切なのは「伝える」ではなく「伝わる」こと。これは、資料作成でも基本となる考え方です。

主役は自分ではなく、あくまで相手。相手によって資料の見せ方も変わってくるため、ぜひ38ページの図表を参考にしてください。

メインのターゲットが経営者ならば、「感情」で決めることが多いため、1スライドの文字量を抑え、印象に残りやすいフレーズを効果的に使います。

メインターゲットが開発者やエンジニアならば、情報を厚めにし、最新の技術情報やデータを盛り込みましょう。

それによって、目的に対して最短距離の、無駄のない資料が作成できるはずです。

「伝える」ことが目的になると、どういうスライドができあがるかというと、ひと言でいえば情報過多。情報がたくさん詰め込まれたスライドです。

そのうえ、目立たせたい一心で、ところかまわず赤文字にしたり、下線を引いたり、太字にしたりします。強調しようとしているのに、文字でぎっしりになっているため、どこも目立ちません。

そうではなく、**本当に伝わってほしいことだけに焦点を絞って、聞き手の視覚を誘導するという戦術が必要**です。

人間の目は、単焦点といって、どこか一つに焦点があたると、それ以外の場所にピントが合うことはありません。例えば、パソコンのモニターを見つめているとき、目線を動かさずに、隣にあるカレンダーや時計の文字盤が読めることはないでしょう。どうしてもボケて映ってしまうのです。

そこがウサギの目との違いです。ウサギは、目に映っている範囲はすべて焦点が合っているそうです。正面を向いていても、横の視界がぼやけることなくピントが合っているのです。

残念ながら、人間の目はそうなっていませんから、プレゼン資料では、最も伝わってほしい箇所に、聞き手の目線を集めることがポイントです。

そのためには余白（何も記載していないスペース）の使い方がカギになることが実証実験でわかってきました。

人間の目には、周囲に余白があると、その真ん中に置かれた文字や図形に焦点が合うという性質があるようなのです。

逆に言えば、文字の周りにわざと大きな余白を作ることで、文字を際立たせられるということ。暗闇でロウソクの明かりがポツンと灯されていると、否が応でも目に入るのと同じ理屈です。

1スライドの文字数は105文字以内

それでは、1スライドに収める文字数は、どれくらいが適切と言えるでしょうか。

私たちが集めた5万枚超のプレゼン資料を分析したところ、表紙と最終ページを除いた1スライドの平均文字数は、漢字を含めて300文字から400文字でした。

しかし、それだと文字が小さくなり、全体的に窮屈で、限られた時間に読むだけで疲れてしまいます。とても、読み手の立場に立っているとは思えません。

では、どれくらいの文字量であれば、読み手にとって親切で、印象にも残りやすいのか。そうしたことをずっと研究していた時期がありました。

その答えにたどりつくヒントを見つけたのは、クライアント各社の一週間の作業時間について調査をしたときのことです。

調査の結果、一日の業務全体の中で、メールの送受信に使っている時間の割合は11％と非常に高いことがわかりました。

あまりにもメールの処理に時間をとられているため、無駄が省けないかと、クライアント各社で流通するメール７４８６通や、顧客向けプロモーションメール２８６４通などを、ＡＩを使って分析したところ、メールの閲覧率、すなわち読まれるメールと読まれないメールには明確な差があることが明らかになりました。

メール本文の冒頭、一般的に「お世話になっております」などから始まる出だしのブロックが１０５文字を超えた時点で、閲覧率が一気に下がるのです。

つまり、メールを開いたとき、冒頭部分が１０５文字以内にまとめられていて、「あっ、これは重要だな」と思うと、それに続く本題にも目を通してくれるけれど、そこで105文字以上を超える場合は、その先は目も通されない可能性が一気に高まるのです。

実際に書いてみるとわかりますが、105文字というのはかなり短い文章です。

そこで、分析から導いたその他の仮説をもとに、クライアント企業に協力をいただき、次のようにお願いしてみました。

「メールを作成する際は、定型の挨拶は極力省き、なるべく結論を先に持ってきて、相手に求める行動を具体的に示してください。長い内容になりそうなときは、冒頭で簡潔にまとめたうえで、『詳細については以下をご覧ください』と記載し、その後の文章に誘導してください」

すると、予想通り、閲覧率が上がることがわかりました。

「伝える」ではなく「伝わる」ことが目的であるのは、メールもプレゼンも同じです。これをヒントに私は、

「1スライドにおける文字数は105文字以内にすると頭に入る」

という仮説を立てました。そして、45131人による実証実験によって、それが正しい

と証明されました。

実際、意思決定者が心を動かされたプレゼン資料を分析したときも、１００文字から１５０文字以内に収まっていました。

やはり、１スライド１０５文字以内が、相手を動かしやすいようです。

端数・奇数は記憶に残りやすい

人には10や１００など、キリのいい数字に揃えたいという心理があります。

そのため、98とか９８０といった中途半端な数字を見ると、頭にひっかかり気になってしまうのです。商品の価格で９８０円が多いのも、そうした心理を利用しているのだと思います。

それと同じように、2、4、8といった偶数よりも、1、3、5といった奇数のほうが、整っていない感じがするため、人の頭に残りやすいと言われています。

「ポイントは４つ」と言うより、「ポイントは３つ」と言ったほうが頭に残りやすいのは万国共通。実証実験でも明らかです。

次ページの図は、非常に多くクリックされたバナー広告の一例ですが、

▼99％の人が痩せた

▼9カ月で体重 マイナス13・7kg

▼5カ月でウエスト マイナス7・5㎝

と、使われている数字はすべて奇数です。その下の飲料の広告も同様に、「75億本」「171カ国」「35年間」と奇数が使われています。

これらは偶然とは思えません。おそらく意図的に並べているはずです。

そのため、プレゼン資料に数字を入れるならば奇数の方がベター。相手の頭に引っかかりやすく、記憶として残りやすいことは間違いありません。

もちろん、実際のデータは偶数なのに、意図的に奇数に改ざんすることはコンプライアンス上、厳禁。けれど、いくつかあるデータの中から、奇数を抜き出して使うのは戦術としてありだと考えます。

記憶に残りやすいのは奇数

99%が痩せた

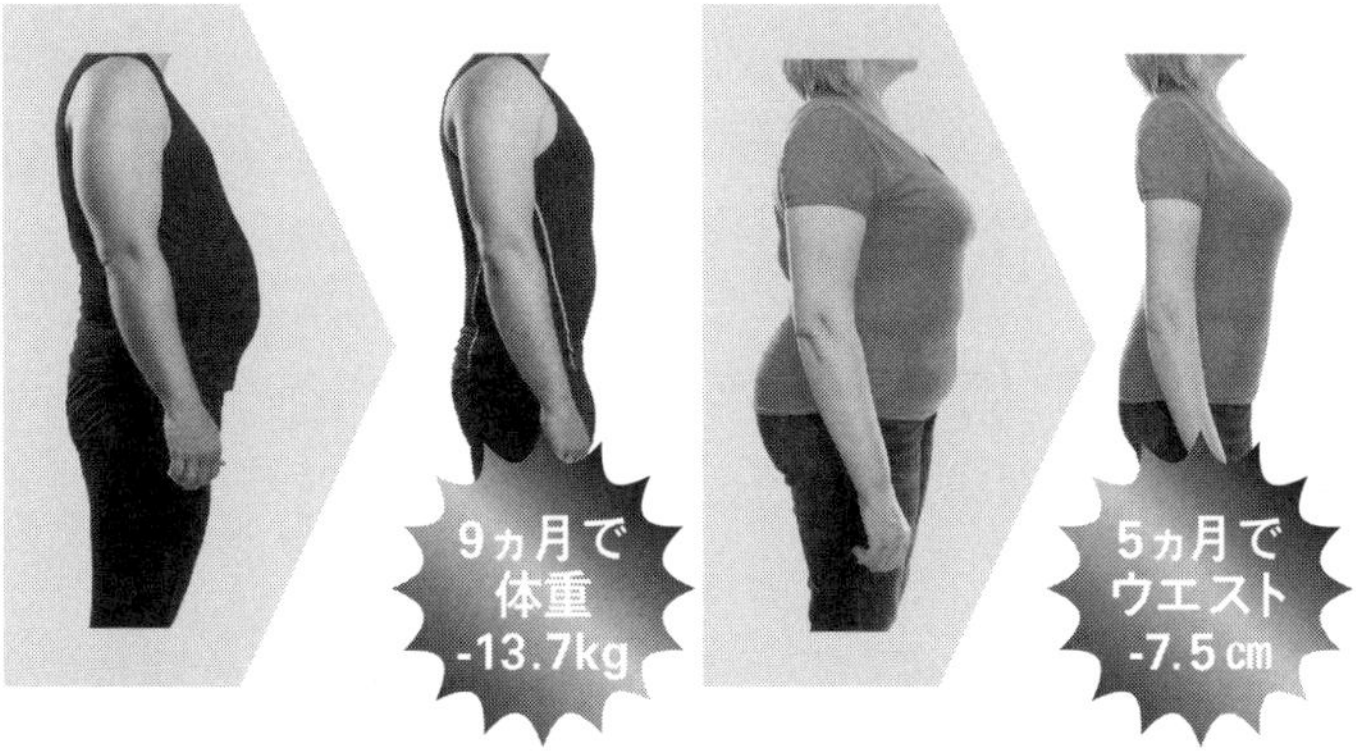

翼をさずける

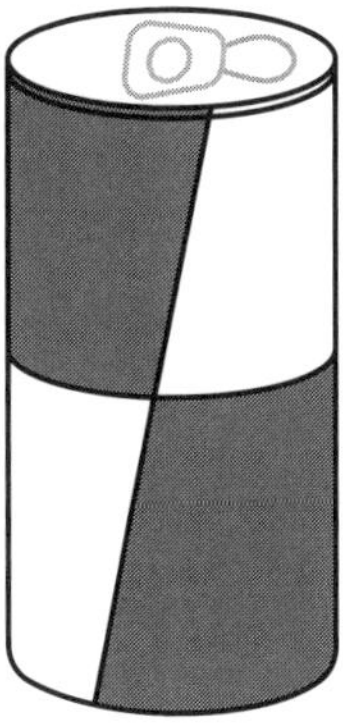

・年間75億本

・171カ国で発売

・35年間の販売実績

カタカナと数字を混ぜると記憶に残る

「1スライドに文字は105文字以内」というルールは、メールの閲覧率に関するAI分析がヒントになったとお伝えしました。

このときの分析で、もう一つ明らかになったことがあります。

「メールのタイトルは35文字以内。さらにカタカナと数字を混ぜると閲覧率が80％以上にアップする」

という仮説です。漢字と平仮名だけのタイトルに比べ、閲覧率に2倍もの開きがあります。

▼数字やカタカナは、漢字や平仮名に比べると使用頻度が落ち、目に留まりやすいこと。

▼画数が多い漢字の羅列は視認性が悪く、また平仮名だけでも読みづらいこと。カタカナが入ることでアクセントになること。

▼「レガシー」などの流行りの用語を入れると、「あれっ、レガシーってどういう意味だっけ」など、相手の思考を刺激すること。

といった理由が考えられますが、本当のところはわかりません。

ちなみに、ＡＩは統計的な処理で「結果」こそ教えてくれますが、なぜそうなのかという「根拠」までは教えてくれません。

私はそこがＡＩのいいところだと思っています。理由や根拠はわからなくても、少なくとも、「こういう場合はこうなる」という結果は出してくれる。それだけで十分です。


この分析結果についても、クライアント各社やプレゼン講座の受講生などに、

「メールやパワポのタイトルに、意識してカタカナや数字を入れると、相手の記憶に残る確率が高くなります」

と伝えたところ、約7割の方から「効果があった」というレスポンスをいただいており、再現性の高いルールであることが確認できました。

ただし、横文字を入れすぎるのは要注意。外資系の企業には、流行りのビジネス用語を使いたがる社員が多いのですが、カタカナだらけの文章は嫌味っぽくも映ります。

漢字や平仮名の中に1、2割くらいカタカナがあるというのがバランスよく、目にも留まりやすいと思います。

カラーは3色以内
白抜き文字で目を引きつける

プレゼン資料で使用する色についても、勝ちパターンがあることがわかってきました。**資料で使われる色には大きく、「文字カラー」「ベースカラー」「アクセントカラー」があり、一つのスライドで使用する色は3色以内というのが、基本的な考え方です。**

「文字カラー」とは、その名の通り文字の色。

普通に黒でもいいのですが、**できれば黒に近いダークグレーを使うことをお勧めします。**スクリーンに投影されたとき、黒だと照明や角度によっては、反射がまぶしく、目が疲れてしまうときがあるからです。

また、レーザープリンターで印刷するときも同様、テカテカして読みづらいときがあります。その点、ダークグレーは目に優しく、調査でも黒よりも高い評価を得ました。

「ベースカラー」とは、図形やグラフ、背景などに使う色でメインカラーとも言われます。

クライアント企業26社から集めたプレゼン資料を調べたところ、ベースカラーとして、自社のロゴや名刺などで使われるコーポレートカラー・ブランドカラーを使用している企業が8割以上にのぼりました。NTTドコモであれば赤、ソフトバンクならシルバー、au（KDDI）ならオレンジという具合です。

それをヒントに、顧客への提案の場合、先方のコーポレートカラー・ブランドカラーを選択する演出もありだと思います。ただし、その色が高彩度の原色である場合は要検討。チカチカして目が疲れてしまう可能性があるからです。

同様に、資料で使用する色は、**見やすく、目が疲れにくい低彩度のいわゆるフラットカラーが基本です。**ただし、パワポの初期設定では、そうした高彩度の色ばかり出てきてしまうため、彩度が低い色を選び直す作業が必要になります。

最後の「アクセントカラー」とは、いわゆる差し色のこと。

目立たせようと赤や黄を使いたくなりますが、赤、黄、黒、白などを比較して調べたと

アクセントカラーに補色を使って目を引く

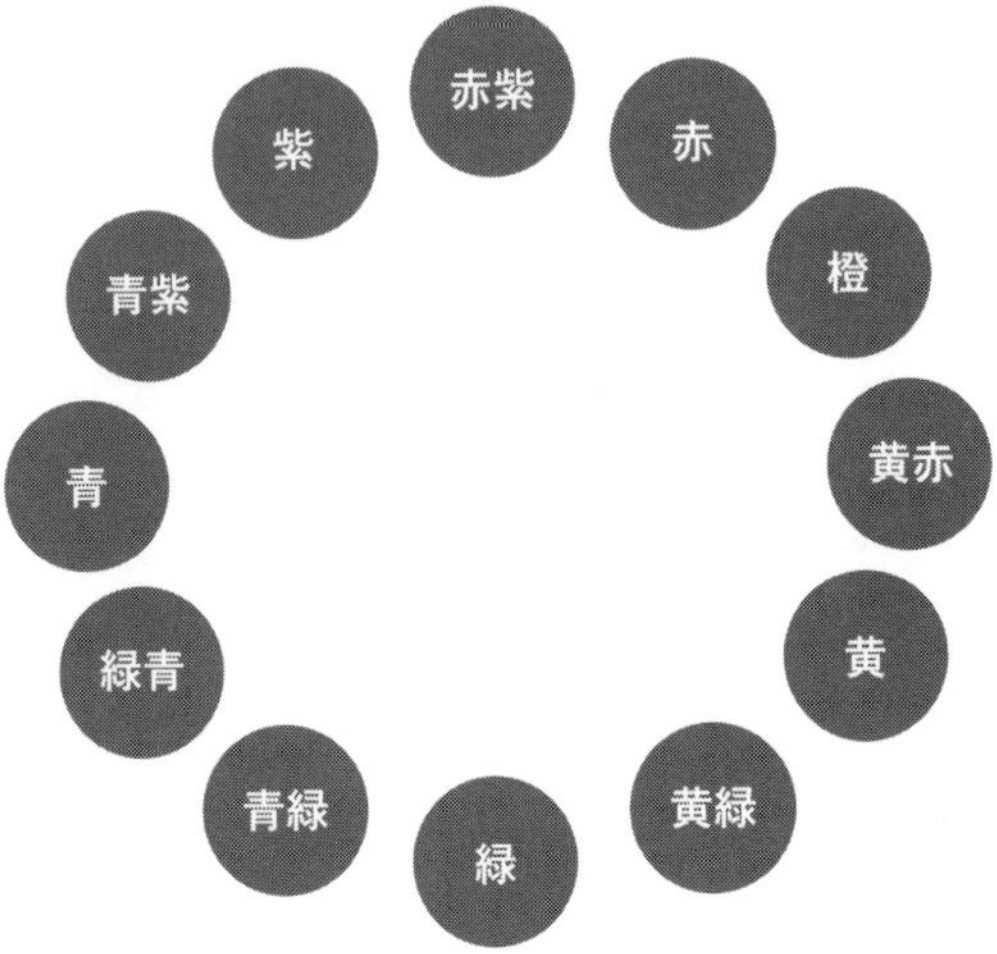

ころ、圧倒的に白が目を引くことがわかりました。この場合の白とは、白抜き文字の白。**真っ赤な文字よりも、白抜きにした文字のほうが人の印象に残りやすいのです。**

テレビの情報番組などを注意深く見ていると、画面の下に出てくるテロップの多くは白抜き文字であることに気づきます。読みやすく、頭に残りやすい視覚効果を狙ってのことでしょう。

もちろん、赤や黄も、ほかの色よりは目立ちます。そのため、つい多く使いがちなのですが、その比率を高めるとベースカラー化してしまい、差し色として機能を失いますので注意してください。

全体のバランスの目安としては、文字カラー70%、ベースカラー25%。アクセントカラー5%以内に収めるよう心掛けましょう。

いずれにしろ、ほかの色とのコントラストをはっきりさせること。単体で目立つ色ではなく、ベースカラーに対して目立つ色を使うことがポイントです。

右のページの図は、「色相環」といわれるものです。12色あるいは24色が円の形で表されます。その、対角線上同士の色（補色）を選ぶと、目立ちやすいという原則があるため、ベースカラーに対するアクセントカラーを選ぶ際のヒントになります。

フォントは「メイリオ」を使って明瞭に

パワポで使用するフォント（書体）として効果的なものは何か。

これについても検討を重ねた結果、勝ちパターンが明らかになってきました。私が自信をもってお勧めするのが、

▼日本語の場合は「メイリオ」か「Meiryo UI」

▼英数字の場合は「Segoe UI」

です。メイリオという名称は、日本語の「明瞭」から来ています。日本マイクロソフトが日本人向けに作ったフォントなのですが、今やグローバルスタンダード。もちろん、Windowsの各ＯＳに標準装備されています。

視認性、可読性、判読性に優れ、意思決定者８２６人へのアンケートでも、最も読みやすい書体として選ばれました。

通常、Windowsの場合、「ＭＳゴシック」を使っている方が多いと思います。「メイリ

視認性・可読性・判読性に長けたフォント

	並字	太字
メイリオ	パワポ術	**パワポ術**
Meiryo UI	パワポ術	**パワポ術**
遊ゴシック	パワポ術	**パワポ術**
MS ゴシック	**パワポ術**	**パワポ術**
ヒラギノ角ゴシック	**パワポ術**	**パワポ術**
Segoe UI	PowerPoint	**PowerPoint**
Arial	PowerPoint	**PowerPoint**

オ」もこれに似たゴシック系の書体なのですが、太字（ボールド）にしたときの文字の太さが、並字と比べて際立つこと。つまり、しっかり太くなるため、強調しやすいのです。

ただし、Mac OSには標準装備されていません。アップルのKeynoteなどを使う場合は、「ヒラギノ角ゴシック」が、読みやすいという結果が出ています。

英数字では「Segoe UI」の評価が高く、「Meiryo UI」との相性がいいこともあり、お勧めです。

また、フォントサイズ（文字の大きさ）は24ポイント以上を推奨します。

多くの人は12ポイントくらいで作成してし

まうのですが、スクリーンに投影したとき、遠い席からは読みづらいと思います。

小規模の会場だとしても、小さい文字では読む気を失せさせることがわかっていますので、最低でも18ポイントにしましょう。

文字を大きくすると、必然的に1スライドの文字数が減ることになり、伝わるべきことに絞った、無駄のない文章になるはずです。

5枚に1枚は画像を動画やアニメーションはほどほどに

五感の中で、人の記憶や心に最も影響するのは視覚です。

ある調査によると、五感の中で「最も長く記憶に残るもの」「最も思い出をよみがえらせるもの」「最も感動を覚えるもの」における視覚の割合は、それぞれ72%、74%、73%に及ぶことがわかっています。

そのデータから考えても、また、相手を飽きさせないためにも、文字中心のスライドだけではなく、5枚に1枚くらいは大きな画像、あるいは必要に応じて、音や動きのある動画を入れることをお勧めします。

実際、講演や講座の受講者に対して、

▼5枚に1枚は画像や動画を入れ、表示も大きくしたスライド。

▼5枚に1枚は画像や動画を入れたが、大きく表示しなかったスライド。

▼内容は同じだが、画像も動画も入れなかったスライド。

の3つのパターンを比較してもらったところ、「適切」と答えた割合は、順に、85%、68%、61%でした。

実際、文字や言葉だけではうまく伝わらないけれど、動画にすると理解できることはたくさんあります。例えば、吸気、圧縮、燃焼、排気というエンジンの仕組みを言葉で説明しても、まず伝わりませんが、GIF動画にすれば一発で理解できます。

パワポをはじめとしたプレゼンテーションソフトは、そういうときに力を発揮してくれるのです。

ただし、動画の多用はNG。インパクトが大きい分、ほかのもっと大切なことを記憶の隅に追いやってしまうリスクもあるからです。

画像も、使いすぎると、ごちゃごちゃして視線が定まらなくなってしまいます。

パワポにはまた、オブジェクトに動きを持たせる「アニメーション」という機能があります。見る人の視線を誘導し、興味を惹きつける点では効果的です。しかしこれも多用しては、脳や目を疲れさせ、注意を散漫にさせやすいので気をつけましょう。

なぜか学校の先生が作成する資料に多いのが、文字や図形がクルクル回ったり、跳ねたりするようなアニメーション。

せっかく覚えた機能を使いたくなる気持ちは理解できます。変に凝ってしまい、深夜までかかり「あー、終わったー」という作業充実感もあるでしょう。

しかし、それは残念ながら自己満足でしかありません。繰り返しますが、目指すべきはそうした充実感ではなく、その資料を使って、実際に人を動かしたことで得られる達成感なのです。

自己満足に陥りがちなアニメーションよりも、相手の集中力をぐっと高めるうえで私がお勧めしたいのが、スライドを切り替えるときの演出です。

一般的に、スライドを切り替えるときの効果として、「フェード」を使うことが多いと思います。5万枚超のスライドを分析したときも、最も使われている画面切り替え効果は「フェード」でした。突然パッとではなく、ページがゆっくりめくられるため、見る人の意識の切り替えがスムーズに行われることは確かです。

ただ、次のページで重要なスライドが出てくる、ここぞという場面では「変形」などの効果を使うことをお勧めします。例えば、直前のスライドと同じオブジェクトを次のスライドの別の位置に配置しておくと、そのオブジェクトがスーッと移動するようなアニメーションになります。それまでの「フェード」と異なる演出によって、見る側の姿勢を正すことになります。

補足・参考資料は巻末にまとめてしまう

「1スライドに文字は105文字以内」が原則だとして、

▼それだけでは十分伝えらず、もう少し補足したいことがある。

▼プレゼン中に説明するまでもないけれど、参考までに紹介したい情報がある。

といったケースはどうするべきでしょうか。

64ページでお伝えしたように、スライドに盛り込むのは、本当に伝わってほしい大切な情報だけにとどめ、それ以外は「詳しくは巻末の補足資料へ」などと注釈を入れ、最後のページにまとめてしまいましょう。例えば、

「というように、新年度から法律が変わります。そのポイントは5つ」

とポイントだけを示したうえで、

「ポイントの詳細と、実際の条文は補足資料にありますので、興味があれば後で目を通しておいてください」

としておきます。実証実験でも、こうしたケースで68％の方が「補足資料」を閲覧してくれました。

続きの情報があることで、プレゼン終了後も興味・関心を持続させることにもなり、資料的な価値としてもありがたがられます。

逆に、スライドに条文まで細かく書き込むと、読む気が失せてしまいます。年配の方や、日々多くの情報にさらされている役職の高い方は、なおさらです。

「まとめスライド」は具体的な行動を起こさせる

最後のページは、「まとめスライド」で締めましょう。

「まとめ」といっても、それまでの資料に書かれている内容を、単に要約することではありません。それでは相手も、

「ああ、今日のプレゼンではこういうことを話していたな。以上」

で終わってしまいます。

プレゼンの目的は、相手を動かすこと。そのために結論や主張を繰り返し、今後やるべき具体的なアクションを示すのが、私が考える「まとめスライド」です。

なのに多くのビジネスパーソンは、顧客に対する遠慮なのか、プレゼンを無事終えたことに対する満足感からなのか、

「今日は、この提案で終わりです。ありがとうございました」

相手を動かすまとめスライド（社内会議資料のサンプル）

> **本日のまとめ**
>
> **1. 来期の方針**：75%の潜在需要にアプローチ
>
> **2. 営業戦略**：すべての既存顧客にクロスセル提案
>
> **3. 広告展開**：第3四半期にデジタル広告を大量投入
>
> 来期の**投資予算**は、**次回**のミーティングで説明（参加必須）

と言ってそれっきり。

「ボールは渡しました。あとはそちらの判断にゆだねます」

これでは、相手は決して動いてくれません。ここぞというときは、奮起を促す言葉とともに、

「今日は説明に来たのではありません。行動に移してもらうために来たんです」

と言い切るくらいの迫力が必要です。

その場に緊張感が生まれますが、それでも動かない相手は、どのようなことをしても動いてくれませんから諦めましょう。できれば、

「ぜひ、今日の説明をもとに、14日以内に前向きなお答えをいただけるとありがたいです」

と期限を設ける。そうすることで、

「×日までに、部署内で検討しなくてはいけないな」

と自分ごと化され、行動に移しやすくなるはずです。

こうした相手の行動を促す具体的な「まとめスライド」があるなしでは、行動意欲度が2割ほどアップすることが調査でわかっています。

第６章

最強のプレゼン【環境整備】術

本番直前で慌てない
会場下見のチェックポイント

プレゼンに使われる会場はさまざまです。10人も入れば満席になる会議室もあれば、数百人規模の講堂のようなところもあります。

それによってプレゼン資料の作り方も、本番での話し方も変わってくるため、可能なら会場の下見はしておきましょう。

そのときにチェックしておきたいポイントはをまとめてみました。

▼会場の広さとレイアウト

まず、押さえておきたいのが会場の広さと形です。縦長であれば、後ろの席にも配慮して、スライドの文字を大きくしなくてはいけません。通常は24ポイント以上を推奨していますが34ポイントくらいにすることも考えます。

横に広いのであれば、端の席に座る人を考慮して、スライド上の文字はなるべく中央に寄せたほうがいいでしょう。

同じキャパシティでも、縦に長いくらいなら、横に広いほうがベター。話し手の位置から最も遠い席にいる人が真剣に聞いているか、退屈そうにしているかなど、表情がわかる距離を保ちたいものです。

私の場合、表情が見えづらいくらい大きな会場であれば、後ろの人たちの意識が下がらないように、歩きながら近づくようにしています。

▼スクリーン

スクリーンの位置や大きさも確認しましょう。

基本的には16：9のワイドスクリーンである場合が多いのですが、稀に4：3という比率のものを使っている会場もあります。

パワポにおいては「デザイン」タブでスライドのサイズを16：9か4：3で選べます。会場のスクリーンが4：3なのに16：9で作成すると、投影時に縮小され、上下にスペースが生まれてしまいます。想定よりも文字が小さくなってしまうので注意してください。

▼プロジェクター

何らかの理由でプロジェクターがうまく機能しないことも考えられるため、事前に試しておきましょう。よくあるのは、コネクタの形状の違いでパソコンと接続できないケース。通信規格には大きく3つあり、昔からあるVGA（RGBとも）といわれるアナログ形式のもの。現在はHDMIという形式が普及しているほか、USB type cで接続する機種も増えています。私の場合、いずれにも対応できるよう変換ケーブルを持ち歩いていますが、普通はそこまで用意できないでしょうから、事前に担当者に確認しておきましょう。

また、実際に投影してみたところ、思ったように映えないこともあります。古いプロジェクターの場合、黄色がかったり、青と紫とような同系色の区別がつかなかったりすることも。前もってわかっていれば、本番で慌てずにすみます。

同様に、最近のプロジェクターは明るい会場でもスクリーンにきれいに投影されますが、性能が劣るプロジェクターの場合、会場をかなり暗くする必要があります。どうしても眠気を誘うため、ときおり出席者に「どう思いますか?・」など問いを発信する場面を想定しておくといいでしょう。

▼その他

会場でマイクを使う場合も、事前に同じもので試しておきたいもの。会場によっては音が反響したり、こもって聞こえたりする場合もあるからです。

コンセントの位置も要確認。ノートパソコンを使う方が大半でしょうが、本番中にバッテリーが低下していくことほど焦ることはありませんから、ＡＣ電源は絶対につなげておきましょう。電源アダプタも忘れないでください。その際、足でコードをひっかけることのないように延長コードの配置にも気を配ること。

事前に会場に足を運べないのであれば、環境について担当者に確認してもらいます。それもできないのであれば、少しでも早く会場に到着する。本番直前に慌てないことが一番です。

データのバックアップはクラウドとスマホの二重で

事前に下見をし、準備を怠らなかったとしても、時としてトラブルは起こります。

パソコンが起動しなかったり、OSが不安定でパワポがうまく立ち上がらなかったり、保存したはずのデータがなぜか消えていたり、飛行機や電車にパソコンを忘れてしまったり、ということもゼロではないのです。

パワポはあくまでプレゼンの手段とはいえ、それありきで準備してきたものが、直前になって使えないことがわかったときの絶望感は計り知れません。

そこで、必ずしておきたいのがデータのバックアップです。データさえあれば、誰かにパソコンを借りることもできるからです。

バックアップ先として、以前はUSBメモリに保存することが多かったと思いますが、今はセキュリティの問題から、会社のパソコンに外部メモリを挿してはいけないこともあります。小さなものなので紛失するリスクもあるでしょう。

そこで考えられるのが、マイクロソフトのOne DriveやGoogleドライブなど、クラウド上のストレージに保存すること。万一のときは、借りたパソコンからログインして対応できます。

また、スマホ用のアプリでパワポを使えるようにしておけば、バックアップ先になると同時に、プロジェクターと有線か無線でつなぐことで、パソコンなしでもプレゼンができます。また、スマホにデータを入れておくことで、

「このスライドの次は、重要なところなので、ここで間をとろう」

など、移動中でも手軽にリハーサルをすることができます。

いずれにしろ、最低でも二重、重要なプレゼンであれば三重くらいのバックアップをしておきたいものです。

プレゼンをよりスマートに進める3つのツール

ノートパソコン、接続ケーブル、バックアップ用のスマホのほか、パワポでのプレゼンをよりスマートに行うために揃えたいツールを紹介します。

▼レーザーポインター

スクリーンに投影されたスライドの特定部分について説明する際、「左上のアイコンをご覧ください。次に、右下のイラストを見てください」などと、聞き手の視線を誘導したいことが、よくあります。

以前は、伸縮式の銀色の「指し棒」がよく使われていましたが、今、それを使っていたとしたら、古臭く感じてしまいます。

それに代わって登場したのがレーザーポインターです。赤色や緑色のレーザー光で該当

スマートなプレゼンを演出するツール

▼ プレゼンター（黒曜石）

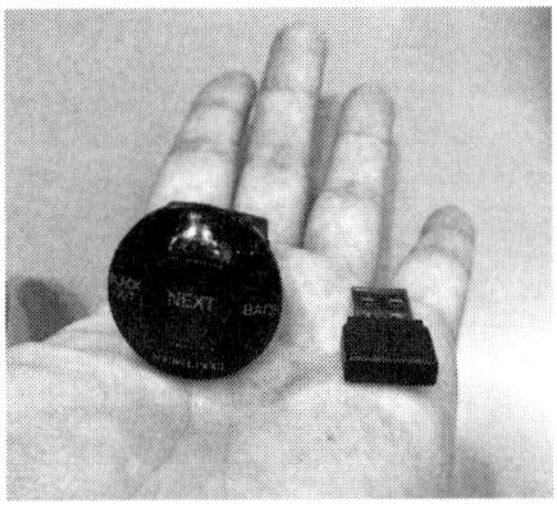

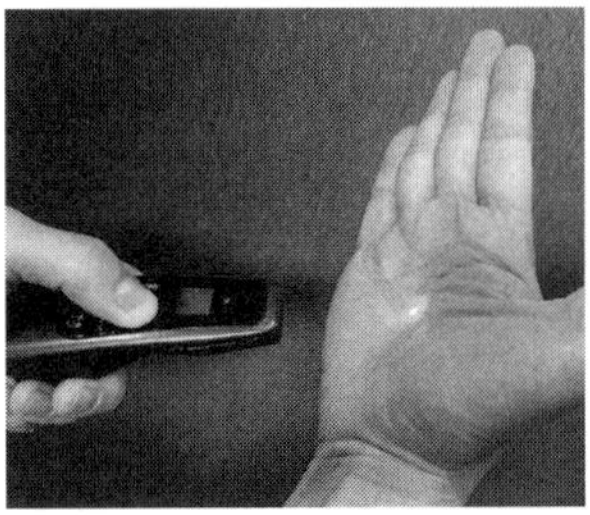

▲ レーザーポインター

部分を照らすことで、どこからでもピンポイントに指し示すことができます。

ただ、使い慣れている人は構いませんが、緊張するような場で使うのは避けたほうが無難。手の震えが、はっきりわかってしまうからです。

そのような場合は、パソコン上のポインター（通常、矢印のマーク）を使うことをお勧めします。その場所を示した後、マウスをそのままにしておけば矢印が揺れるようなことがないからです。矢印のマークを目立たせるために、Windowsのマウス設定で、事前にポインターの形を変えたり、大きさを変更しておくといいでしょう。

▼プレゼンター

パワポのスライドをめくったり、アニメーションなどの動きを進めたりする操作を、マウスやキーボードではなく、USB接続でワイヤレスで行えるツールがプレゼンターです。

パソコンから離れていても操作できるため、歩きながらとか、手を大きく動かしながら、ここぞというタイミングでの切り替えができます。

ペンタイプのものもありますが、見ている人の気が散る可能性もあるため、手を軽く握ったときに隠れるくらいの大きさで、かつ、落とすことのないよう指にはめるタイプのものがおすすめです。

私が愛用しているのはコクヨの「黒曜石」。操作をしているところが見えにくく、自然な切り替えができるため気に入っています。レーザーポインターの機能も併せ持っているため、バラバラに所有するよりも便利。コンビニで売っているボタン電池で動きます。

「ブラックアウト」ボタンといって、押すと画面が黒一色になる機能も便利です。どのようなときに役立つかというと、例えば、メールやメッセージ系のソフトを切り忘れてしまい、プレゼン中に突然、ポップアップでメッセージが開いてしまったときなど。

私も以前、スカイプを切り忘れ、プレゼン中、不動産会社から営業の電話がかかってきたことがあり、とても焦ったのですが、画面をブラックアウトさせることができ、助かりました。

▼タッチディスプレイ

最近のディスプレイやタブレット端末によっては、「今、丸で囲んだところが重要です」などと、タッチペンを使って画面に直接、文字などを書き込めます。ホワイトボードに書くような感覚なので、ライブ感あふれる演出となります。

なかには、空中でペンを動かすことで、スライドに文字を書き込めるガジェットも登場。とても目を引く機能なので、眠そうにしていた人の集中力も一気に上がるでしょう。

好印象をもたれるより不快感を与えない服装

「客先でのプレゼンは、どのような服装で臨めば、よい印象をもたれるでしょうか?」

プレゼン講座などでよくされる質問です。

初めて会う人の場合、信頼に足る人物かどうか最初の手掛かりになるのは外見、身だしなみです。よれよれのスーツを着ていたり、シャツがはみだしていたり、髪の毛がぼさぼさだったりでは、第一印象が悪くなるのは当然です。

そうしたことはわかったうえでの質問でしょうから、私はこう答えるようにしています。

「服装で迷っているのなら、お客様の服装に合わせるのが無難です」

仮にお客様が普段、地味目のスーツを着用しているのであれば、ダークスーツで臨んだほうがいいでしょう。一方、シャツにジーンズといったラフなスタイルで仕事をされているのであれば、カジュアルな格好でも問題ないと思います。

大切なのは、よい印象を持たれることよりも、不快に思われないこと。特に女性は、爪や靴に目が行くようです。中途半端に伸びた爪や、尖った靴、男性のアクセサリーなどに拒否反応を示すこともあるため注意が必要です。

そのうえで、テクニックをいくつか。

プレゼン中はなるべく目線を上にあげてもらいたいため、あえて明るい色や柄のネクタ

イを締めるというのもありです。あるいは、
「本日はとても大切なプレゼンなので、御社のイメージカラーであるオレンジ色のネクタイを締めて気合いを入れてきました」
など、その会社のコーポレートカラー・ブランドカラーを使うことで印象をよくする方法もあります。

ちなみに私は、ビジネスで使う洋服は、定額レンタルの「サブスクリプションサービス」を利用しています。月に2回、ジャケット、パンツ、シャツがセットで送られてきて、使用後はそのまま返却できるのでクリーニングの必要もありません。

サイズもぴったりで、気に入れば買い取りもできるうえ、全身写真を送ることで、プロのスタイリストからフィードバックを受けることもできます。

「今週は絶対に成功させたい重要なプレゼンがあって、クライアントのコーポレートカラーであるブルーのネクタイを締めようと思うのですが、大丈夫そうですか？」

と質問すると、
「ブルーのネクタイであれば、ジャケットはこの色にしてください」

と、アドバイスが送られてくるのでとても頼りにしています。

いずれにしろ、大事なのは自分ではなく相手がどういう印象を持ったか。機会があれば、

「今後の参考にしたいのでうかがいますが、私の服装で気になったところはありますか?」

と尋ねてみてはどうでしょう。

完成度3割の段階でチェックしてもらう

プレゼン資料の作成で大切なのは、効率と生産性です。いかに「余計な手間」をかけずに、最大の効果を発揮するか。

「余計な手間」のなかで、私が最も無駄だと考えているのは、資料完成後の「差し戻し」という行為です。せっかく手間暇かけて完成させたのに、直前になって提出先(上司や顧客、会議の主催者など)から、

「このような内容では、プレゼンの場にかけられないから作り直してください」

と突き返され、一から作り直す必要に迫られる。

こうした想定していなかった驚きは「ネガティブ・サプライズ」といって、精神的ショックやモチベーションの低下を伴います。

そうならないように、資料作成の完成度がまだ3割くらいのときに、提出先に、

「こんな感じで資料を作成していますが、方向性は合っているでしょうか？」

と、チェックしてもらうことをお勧めします。

「このままでいいよ」

と言われれば、その後も安心して進められますし、

「ここ、そういう意味じゃないんだけど」

といった指摘を受ければ、傷の浅いうちに軌道修正できます。

提出先に見てもらうことができれば一番ですが、それが難しければ、第三者、例えば経験豊富な先輩や、スキルの高い同僚にチェックしてもらいましょう。

客観的な視点に晒すことで、思い込みを指摘されたり、自分だけでは思い至らない気づきを与えてくれるはずです。

「完成度がまだ3割くらいのときに」というのも根拠があって、一つは、ある程度、資料の形が見えてくるのが3割くらいからであること。

さらに、完成度が3割・5割・7割という、おおよその段階ごとに検証した結果、3割の段階で一度確認してもらったケースが最も修正にかかる労力が少なく、かつ最終的に差し戻しにされる確率が低かったからです。

一般的な単語ではありませんが、私はこれを「フィードバック」ならぬ、「フィードフォワード」あるいは「30％フィードバック」と呼んでいます。

「フィードバック」とは、ある行動に対する評価を、次に活かせるように返してあげることですが、それを、実際の行動の前に行うという意味です。

本番一発勝負の場合、貴重なフィードバックを受けたところで、次に活かせませんが、「フィードフォワード」なら、本番に活かせるのです。

話し手の緊張は聞き手に伝染してしまう

私は仕事柄、緊張することがあまりありません。しかし、どうしたら少しでも緊張を和らげることができるか、というのは多くの人にとってのテーマです。

そこで、緊張体質を克服した大勢の方や、専門家にヒアリングを重ねました。

緊張対策に特効薬はありませんが、最も簡単な方法は、何かに触れておくことです。立っている状態であれば、演台や机に両手を置く。座っている状態ならば、パソコンなどに触れながら話すなどです。

人と目が合うことで緊張が増すのであれば、目線は前に向けたまま、聞き手の背後にある壁などを見るようにしましょう。

よく、深呼吸をしてからプレゼンに臨む方がいますが、専門家いわく、緊張しているときは酸素過多の状態になっているため、それ以上酸素を吸うのはよくないとのこと。不必要に大きく深呼吸するよりは、普段通りの呼吸を保つほうがいいようです。

プレゼンで最も緊張するのは、「それではよろしくお願いします」という冒頭の挨拶と自己紹介のときでしょう。

ですから、この入りの部分だけは何度も何度もリハーサルをして、完全に暗記しておくようにしておきましょう。暗記することで、第2章で述べた、不必要に長い肩書きや、過剰な敬語の使用を避けるという効果もあります。

ところで、緊張すると、どこにどんな影響が出るのでしょうか。

適度な緊張感は必要ですが、相手に伝わるほどの緊張というのは、ことプレゼンの場ではマイナスに作用すると言わざるを得ません。

話し手が緊張していると、場の雰囲気全体が固くなり、聞き手にも緊張が伝染していきます。すると、本来、リラックスしたムードで、頭の中にすっと入ってほしい提案内容が、入りづらくなるのです。

話し手が若手の場合、緊張しながらも懸命に話している姿を見て、「よく頑張っているな」と好感を持たれることはあるかもしれません。

ただ、応援したいという感覚が、提案を受け入れるという行動につながるかは疑問です。「頑張って、成長しろよ」で終わってしまう可能性が高いと思います。

また、緊張していると、どうしても聞き手の目を見ることができなくなります。代わりにどこを見るかというとパソコンやスクリーンであり、文字を読むようになるのです。するど、聞き手も同じく文字を追うことに終始してしまう。これでは、共感が生まれることはありません。

結局のところ、緊張を和らげるためには経験を積むしかありません。あるいは本番前に、何度もリハーサルをするしかないのです。

本番の持ち時間が30分であれば、きちんと30分で終えられるかどうか、タイマーをセットして、本番さながらのリハーサルを行いましょう。途中、噛んだり、ミスしたりしても、とりあえず最後まで続ける。いわゆるランスルーです。

一般に、緊張すると早口になりますから、予定時間より早く終えてしまうもの。リハーサルを繰り返すなかで、

「ここは大事なところなので、ゆっくり話そう」

「このスライドは、しつこいのでカットしたほうがいいな」

など、自分なりに判断し、ブラッシュアップしていきましょう。


その次の段階として、先輩や上司などに見てもらうこと。

「ここは、もう少しインパクトが欲しかった」

「あそこは、何を言いたいかよくわからなかったので、もっと丁寧な説明が必要では？」

などと貴重なフィードバック（フィードフォワード）をもらえるはずです。

できれば複数の人に見てもらい、多様な意見をもらいましょう。そして、そのなかで何を採用するかは自分で決めるのです。


リハーサルをどれくらいすれば本番で緊張しなくなるかというのは、個人やケースによってさまざまであり、明確な基準はありません。

結局は、自分が納得するまでやるしかないのです。

少なくとも、パソコンを見ずにひと通り話せるようになれば、気持ちはラクになるはずです。

もしものときの備えには付箋メモや発表者ツール

どんなに準備をし、リハーサルを重ねても、本番で頭が真っ白になってしまう瞬間はあります。そのときのために、

「これだけは伝わってほしい」

「これだけは忘れてはいけない」

というポイントを箇条書きにした付箋を、ノートパソコンの画面の上あたりに貼っておくことをお勧めします。

画面の下ではなく上に貼るのは、少しでも目線を落とさないためです。話し手の目線が下を向くと、聞き手もつられて下を向いてしまいます。

また、メモを読んでいる様子がわかると、

「この話し手は、きちんと準備をしないでカンニングペーパーを読んでいる」

と思われてしまいます。緊張しているだけなのにそう見られるのはもったいないです。

仮に急なプレゼンで、作成したスライドの順番も頭に入っていないほどの準備不足のまま本番に臨むのであれば、パワポの「発表者ツール」を使いましょう。

スクリーンに投影されるスライドとは別に、パソコンの画面上にメモや次のスライドが表示される機能です。次に何のスライドが出るか把握できるため、例えば、

「では、具体例をお見せしましょう」

などと言いながら、絶妙なタイミングでページをめくることできます。たまにパソコンに目をやるくらいなら許容範囲。

もちろん、発表者ツールに頼り、一から十までスライドの内容を読むのはいただけません。それをしては、音が聞こえるくらい聞き手が引いていくのがわかります。

第７章

最強のプレゼン【本番】術

最初の45秒で「つかみ」を演出する

人の集中力は時間がたつほど低下していきます。その下降カーブをいかに緩やかにするか。それは聞き手の集中力が最も高い時間、つまりプレゼンの冒頭にかかっています。

勝負は最初の45秒。

なぜ45秒かというと、すでに本書では、メールにしてもパワポのスライドにしても、頭に残りやすい文字数は105文字とお伝えしました。さらに、話し方の最適スピードは1分間に130文字という話もお伝えしました。

その2つのルールから導き出した、105文字をゆっくり話せる時間が45秒なのです。

45秒という限られた時間で、いかに距離感を縮めながら、自分の信頼を高め、「この人の話を聞く価値がある」と思わせるか。そのためには第3章で述べた通り、長いだけの社名や肩書きの紹介ではなく、実績や権威付けをする必要があります。

距離感という点では、つかみのひと言が大事です。

小泉純一郎元首相は、選挙演説で地方遊説する際、例えば宮崎では「どげんしたと！」という具合に、第一声で現地の方言を使っていました。

本能的にやっていたのか、プロのアドバイスなのかはわかりませんが、あれは鉄板。笑いをとるだけでなく、「私は遠い存在ではなく、身近な人なんですよ」という心理的安全性を演出していたわけです。日本で一番つかみがうまい政治家ではないでしょうか。

息子で環境大臣の小泉進次郎さんも、喋りは親譲りの一級品。やはり地方遊説のときは方言を多用しているし、後ろのほうにいる人に対して「大丈夫ですか⁉」と心配して目くばせするようです。多くの人が「目が合った」と言うのを想定しているのでしょう。

私が、つかみとして行っているのは、最新の時事ネタを入れること。プレゼン開始直前に、ネットニュースやツイッターのトレンドをチェックしてネタを仕込んだうえで、冒頭、

「先ほど、××が優勝したらしいですね」

「このあたりはポケモンGOが流行っていますね」

「このあたりは××というラーメン屋さんが人気なんですね」

などと話すと、場の空気がやわらぐうえ、

「この人は、常にいろいろなことにアンテナを立てている人なんだな」

と感じてもらうこともできるのです。

他にも、身体を動かすことでリラックスムードを演出してもいいでしょう。例えば、

「今日、電車で来られた方？」

「最近、寒くなりましたね」

など、ほとんどの参加者に当てはまりそうな質問や問いかけをして、手を挙げさせたり、うなずかせたりすることで、心身ともにほぐれた状態でスタートを切ることができます。

私がよくするのは、

「一番後ろの人聞こえていますか？　聞こえていたら手を挙げてください」

というアプローチです。声が届いているかどうかの確認の意味もありますが、

「私は、そちらまで目を配っていますよ」

というメッセージにもなっています。後ほど触れますが、前列に座る人は、そもそも意識の高い人たちであり、問題は後ろの席の人たちです。

その人たちに行動を起こしてもらうためには、積極的に対話していかなければならない

わけで、最初にインタラクティブな雰囲気を醸し出すのです。

「伝える」プレゼンの場合、伝える側が「主」で、伝えられる側が「従」という関係になりがちですが、「伝わる」プレゼンではフラットな関係であることがポイント。

一緒に笑ったり、うなずいたり、手を挙げたりなど、同じ動きをすることで、対等な関係であることを演出してみましょう。

最初の45秒で聞き手の目線を上げさせる

プレゼン成功のカギは、いかに聞き手の目線を自分にもってこさせるかです。できれば冒頭の45秒の段階から、目線を上げさせたいものです。

しかし、聞き手の目線を下げる敵が、いくつか存在します。

ひとつは、スライドをまとめた配布資料です。それが配られた瞬間、全員の視線は間違いなく下がります。

意思決定者826人へのヒアリングでも、配布資料があると67％の人が資料に目を落とすことがわかっています。すると話が始まる前にもかかわらず、興味・関心のある部分を見つけ、自分に都合のいい解釈を頭の中ではじめてしまうのです。

そのため私は、プレゼン開始前に資料を配布するのには反対の立場。プレゼンは読み合わせの会議ではありません。読ませた時点でアウトです。

ただし、その日のプレゼンを振り返ってもらうために、復習用資料として最後に配布するのはＯＫ。場合によっては、

「今日の提案資料は、個別にファイルでお送りします」

と言って、後日メールで送信して、見直す機会を増やすと、行動を促しやすくなります。

ただ、参加者のなかには、

「聞いている間にメモを取りたいから、先に資料を配ってほしい」

と言われる方もいます。その場合は、実際の資料を20％程度に圧縮したコンパクト版を配布しましょう。

配布資料以上に、目線を下げる敵となるのはスマホです。

調査によると、プレゼン開始後、始めの90秒の間にスマホの画面を見た人は、その後、

5分間隔でスマホを見る確率が高くなります。

話し手の表情やスクリーンに投影されたスライドを見ながら話を聞く人と、それらを見ずに耳だけで聞いている人とでは、その後、記憶として定着する確率が2倍ほど違ってくることがわかっていますから、話し手にとってスマホは大敵です。とはいえ、「私のプレゼン中は、スマホを見ることはご遠慮ください」とは言いづらいため、何かしらの工夫で、冒頭から目線を上げさせるしかありません。

前章で述べたとおり、私はそのためによく、遠くの席からでも目立つ派手な色のネクタイを締めることにしています。あるいはポケットに彩度の高いチーフをしのばせておくこともあります。また、深いお辞儀や大きなジェスチャーで注目してもらうこともしています。

いくら提案内容に自信があっても、相手に聞く気がなければどうしようもありません。冒頭の45秒、多少、力技になってもいいので、さまざまな仕掛けによって目線を上げてもらい、少しでも興味・関心をもっていただく。

すると、その後、スマホや配布資料に目を落とす確率は低下します。そしてその分、目を使った対話ができるようになるのです。

「返報性の原理」で相手の行動を促す

いわゆるデパ地下に、試食コーナーがあれだけある国は、日本とフランスくらいだと聞いたことがあります。

確かに日本人としては、試食しただけでは悪いので、商品を買ってしまう心理はわかります。相手から恩を受けたら、何らかの形でお返しをしなければ、という気持ちが強い国民性なのでしょう。

これは心理学で「返報性の原理」と呼ばれるものでプレゼンにも応用できます。例えば、

「わかりました。御社が希望する日程で、プロジェクトを遂行することにします」

と、まずプレゼンする側が、何らかの約束をします。そのうえで、

「では、今月中に決裁していただき、必要となる情報を提供してください」

と見返りを求めるのです。

私がプレゼンについての講習を行う際、冒頭でこんな宣言をすることがあります。

「今日は、60分で効果的なプレゼンの手法について解説します。タイムマネジメントの大切さを知ってほしいため、この講習自体も秒単位でぴったり終えることを約束します」

そして、終了10秒前から自動で始まるカウントダウンのアニメーションに合わせる形で、宣言通り、ぴったり終わらせたうえで、

「冒頭の私の約束を覚えていますか？　宣言通り、時間ぴったりに説明を終えることができました。今度は、皆さんが行動に移す番です」

と言って、約束を守った代わりということにして、行動を促すのです。

また、私は使用したパワポ資料を講演後に配布するようにしています。会社のホームページなどを通じてダウンロードできるようにするのです。

その資料が競合他社の手に渡ればビジネスリスクは高まります。その覚悟も伝わるようにするのです。

「今日の講演資料は皆さんに提供します。これは私の商売道具ですからリスクがあります。しかし、皆さんが今日の学びを元に行動を起こしてもらうために配布するようにしました」

この発言で、資料のダウンロード数と講演やコンサルティングの依頼数は増えます。

もちろん、できない約束をしてはいけません。例えば冒頭、

「本日は、参加者全員の気持ちを、前に動かしてみせます」

と約束したところで、「いや、俺の気持ちは動かなかったよ」と感じる人が一人でもいれば、いくら提案内容がよかったとしても、評価はマイナスになりかねません。

自分ができることから、相手の期待値を差し引いたものが、プラス評価につながるわけで、冒頭の約束も、その範囲でコントロールしなければいけません。

「このシステムを導入していただければ100%売り上げはアップします」

というのも、できない約束をしたようなものです。

このような断定表現、特に「日本一」「最大」「絶対に」「唯一」「ナンバーワン」といった過剰な表現には気を付けましょう。

事実と少しでも違うとわかった瞬間、すべてのデータの信ぴょう性は失われます。

「これまで529社に提案して、7割の企業が成果を残しています。そのため御社でも成

功する確率は極めて高いと思います」

くらいの表現でも、十分説得力があると思います。

相手の意識は無理でも行動は変えられる

アウェイ感漂うプレゼンも時としてあるものです。

私も最近、働き方改革に反対する役員が大多数の会議で、働き方改革推進をテーマにしたプレゼンをする機会がありました。

役員会議なのに、皆さん斜に構え、スマホをいじっている人も複数見受けられました。そうした完全アウェイの環境で30分も話すことはとてもつらいため、勇気を奮って、最初にこう言いました。

「本日は、皆さんの意識を変えることなどできないと思っていますから、諦めています」

一瞬、時が止まったように感じましたが、ひるまずこう続けました。

「ただし、今日は皆さんの行動を変えたいと思っています。30分後を見ていてください」

そう言い切ったことで、斜に構えていた人は姿勢を正し、スマホをいじっていた人はしまってくれました。

たまたまうまくいっただけかもしれません。ムッとされたり、場がしらけるリスクも十分にありました。しかし、それだけ厳しいシチュエーションで、普通に、

「今日は、働き方改革についてプレゼンさせていただきます」

とやっても、共感などしてくれないですし、まして行動になど絶対につながらないのは、経験上わかります。だから、思い切って勝負に出たのです。

さて、

「意識は変えられないが、行動を変えてみせます」

そう宣言したプレゼンは、その後、どうなったかというと……

私は、他社の事例やデータを基に、次のように訴えました。

「御社と同じ業界で、働き方改革に成功した企業は13％しかありません。失敗の原因は、行動しなかったことと、成功の定義を決めていなかったことです。私は、行動を変えずに

働き方改革に成功した企業を見たことがありません。

その点、御社では、働き方改革における成功の定義は決まっています。それは経営陣が言っているように、中期経営計画における利益××億円を達成することです。残るは、行動に移すことです。

では、どうすればいいのでしょうか。簡単な方法があります。まず、従業員全員に1週間のうちたった15分だけ、各々の作業を振り返る時間を与えてください。1週間のうち3時間だと難しいでしょうが、15分だけで構いません。それも、コーヒーを飲みながらでも、タバコを吸いながらでもいいんです。

振り返ることで、会議や資料作成、メールチェックなど無駄な時間が多いことを意識しはじめ、それが業務効率の改善につながるはずです。実際、280社に同じことをしてもらったところ、平均して18%、無駄な時間がなくなりました。ぜひ、まずそれを来週やっていただきたいのです」

すると、プレゼン直後は懐疑的な雰囲気があったものの、後で聞いたところ、会議に出席していた役員の7割が、翌週、部下に一週間の仕事を振り返らせていたことがわかりま

した。ある役員からは
「言われたのでやってみたところ、無駄な作業が洗い出され、確かに業務の効率が上がってきた。最初は、わけのわからない外部の人間に言われ、自分の意識は変わらなかった。しかし、納得しないまでも、試しに行動だけ変えたところ意外とよかった」
という主旨のことを言われました。行動を変えることで、次第に意識も変わっていったようです。以降、その役員会議では、私の話を前向きに聞いてくれるようになりました。

「Zの法則」でうなずきの連鎖を作る

プレゼンは、一方通行的なコミュニケーションのように見えますが、実は、双方向。こちらの話に聞き手がうなずいたり、熱心にメモをとったり、あるいは眠そうにしているのを見ながら、話し方を変えていく。それは共感性をともなう対話であり、キャッチボールです。ニュースキャスターが、視聴者を見ずに原稿を読むのとは決定的に違います。

なかでも、聞き手のうなずきは納得のサイン。アンケート調査でも、うなずいてくれた

うなずきと相づちの連鎖を作る（Z方式）

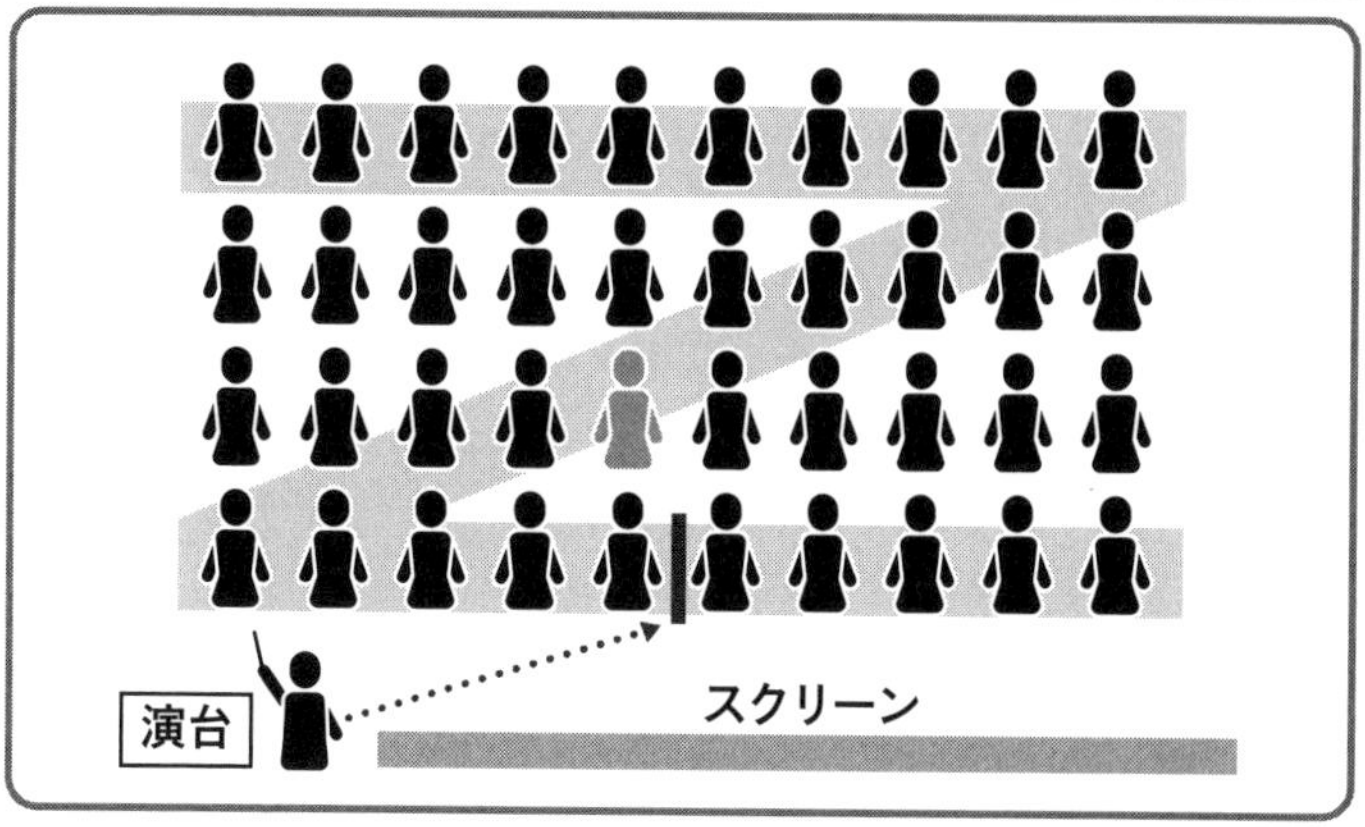

人の満足度は一様に高く、7割以上はその後、実際の行動に移してくれたことがわかっています。

ですから私は、ある程度キャパのある会場でプレゼンや講演を行うときは、**前列の人はもちろん、最後列の人までうなずいてくれるように気をつかっています。**

では、うなずきの連鎖をどう作っていくか。実際には、このようにうまくいかないかもしれませんが、理想的なプロセスを追ってみたいと思います。

まず最初にうなずかせるべきは、一列目、話し手の正面に座った人たちです。

最も意識の高い参加者がどこに座るかと言うと、最前列の話し手の目の前ではなく、少しだけ離れた斜めの位置だということがわかりました。

正面に座ると、いわゆる対決姿勢になりますが、少し斜めに位置しているほうが融和しやすいと心理学的にも言われているのです。

意識の高い人たちは、何を話してもある程度うなずいてくれるため、無理にケアする必要はありません。ですから初めは、前列は前列でも、端ではなく、次に意識の高いと思われる真正面の人に目線を合わせて

「本日は雨の中ありがとうございました。寒くなかったですか？」

などと話しかけ、最初のうなずきをつくるようにしましょう。

そうやって、1、2列目の人は比較的簡単にうなずかせることができるとして、課題は、ここで生じたうなずきを、いかに最後尾までつなげていくかです。

一番後ろに座るのは、モチベーションが低い人たちであり、スクリーンは見えにくく、遅れて会場に入ってきた人もいるため簡単ではありません。

そこで前列の人をうなずかせたあとは、中盤にそれを広げていくことに力を注ぎます。

対角線上に目を配り、どこかのタイミングでうなずいてくれている人を見つけたら、その人と同じようなペースでうなずいてみます。中盤を見ていると何人かがずっと講演者のほうを見て、熱心にメモを取ってくれたり、笑顔で聞いてくれます。そういった方と意識的に目を合わせてうなずきながら話すのです。

すると、その方はさらに大きくうなずくようになります。さらに近くの人を大きくうなずかせていきます。中盤で何人かが大きくうなずくと、そのうなずきが伝播して、うなずく人が増えていきます。

聞き手がうなずく前に、話し手からうなずくのも効果的です。

年配の男性のなかには、人前でうなずくことに気恥ずかしさを感じることもあります。話し手がうなずくことは、「うなずいても大丈夫」というサインのようなもの。これは「心理的安全性」と呼ばれ、自己開示しやすくなります。信頼関係を構築でき、聞き手が話を聞く姿勢を取るので腹落ち感を作りやすくなります。

そうしているうちに、話し手に呼応して、ふんふんと頭をうなずかせる人が2人、3人と増えてきたらチャンスです。

比較的、女性が多いのですが、そうした熱心に聞き始めてくれている方と目を合わせ、直接、話しかけるようにすると、うなずきが大きくなっていくはずです。

するとその人たちがペースメーカーのような役割を果たし、周囲に広がっていきます。眉間にしわを寄せていた男性も、少しずつうなずいてくれるようになるのです。

これが前列から中盤を制した状態。そのように会場が盛り上がったいる様子を一番よく見えるのが最後尾です。「あ、盛り上がってるな」と感じ、モチベーションの低かった最後列まで、うなずきの連鎖がつながっていきます。すると、徐々に最後尾もうなずきの連鎖に引き込まれていきます。

私はこれを「Zの法則」と呼んでいます。まず最前列をうなずかせ、それを2列目、3列目、4列目と対角線上に広げていき、最後に後ろの列全員をうなずかせる。

今のは、長方形の広い会場の例ですが、コの字型やロの字型の会議室でも同じこと。近いところから中盤、そして遠いところへ、折に触れて目線を合わせながら、うなずきの連鎖を広げていくことが原則です。

微表情も見逃さず目を見て話すと伝わる

うなずきの連鎖をつくるときもそうですが、聞き手と目を合わせることで、こちらの思いや情熱はもちろん、内容まで伝わりやすくなります。

以前、行った調査では、

▼聞き手の視線をスクリーン上の特定の文字に誘導したまま話したケース。

▼スクリーン上の文字を見せつつ、聞き手の目を見つめながら話したケース。

という2つのパターンで、聞き手の10分後の記憶定着率を比べたところ、前者が約35％だったのに対し、後者は約75％でした。目を見つめながら話すことで効果が倍になったのです。

パワポに頼り、パソコンやスクリーンの文字を読みながら話す人がいますが、それは、聞き手の目を見て話す場合の、半分も伝わらないことを認識するべきです。

人は目と目で対話できるのです。少なくともプレゼン時間の半分、できれば7割以上は、聞き手と目を合わせるようにしてください。

場慣れしていなかったり、重要なプレゼンで緊張していたりすると、人と目線を合わせることが怖く感じることもあるでしょう。前章でお伝えした通り、人の目を見て緊張するのであれば、その後ろの壁に向かって話してもいいのです。

視線を合わすことに慣れてくると、聞き手の表情や態度の微妙な変化によって、こちらの話し方、つまり抑揚やトーン、スピード、間の取り方などを、その場で調整することもできるようになります。

聞き手の表情や態度のうち、最も注目するべきは目の周辺です。よく、「口元ではないか」と言われるのですが、感情が一番表れるのは目元。クライアント企業４５１３人による実証実験でも、それは明らかになっています。

「目は口ほどに物を言う」とはよく言ったものです。特に男性は眉毛の動きに、話の内容を理解しているかどうか、その話題に興味を抱いているかどうかが表れます。

眉間にしわを寄せないまでも、眉と眉の位置が近づいているときは、話している内容が十分にイメージできていない状態。その場合は、話すスピードを落としたり、言葉づかいをわかりやすくするなど、アクセルを緩めることで、眉間の間隔を広げることができます。

一方、目が大きく見開かれたときは、「なるほど、わかった!」という瞬間なので、たたみかけるチャンスです。

ちなみに、人が「なるほど!」と思うときとは、持ち合わせていなかった情報がもたらされたとき。あるいはすでにもっていた情報に対して、「それは違う」と指摘され、自分の間違いを認めたときだと言われています。

こうした眉や目の微妙な動きを、「微表情」と呼びます。

聞き手全員の表情を捕捉するのは物理的に困難ですが、少なくとも意思決定者など、その場のキーパーソンの表情はしっかりとらえておきましょう。その人が難しそうな表情をしていればアプローチを変え、納得していたら次に進むのです。

そうやって聞き手の表情を手掛かりに、場をコントロールできるようになるのが理想です。

眠そうにしている人への対処法

広い意味での対話という意味で、前項では「微表情」、前々項では「うなずき」という行為について述べました。次に「居眠り」という行為について考えてみたいと思います。

さすがに少人数のプレゼンで居眠りする人はいないでしょうが、大きな会場で行われる講演や大会議室では目を閉じている方は少なくありません。

この場合、３つのパターンが考えられます。

１つ目は、疲れていたり、寝不足だったり、満腹だったりして、本当に眠いというもの。

２つ目は、何らかの理由で参加したが、もともと興味が薄かったり、自分の関心と違っていたことがわかり、集中力が保てなくなったパターン。

３つ目は、それとは反対に、話し手や講師のファンであり、安心感や催眠的な気持ちよさから眠ってしまったパターン。

3つ目のパターンは、話し手に絶対的な信頼を置き、言うがままに行動してくれそうな人たちなので、眠っていても問題ありません。説明を聞かずとも、最後に資料を渡せば、その通りに行動に移ってくれるからです。

ですから、居眠りしている人を見つけても、

「あー、今日のプレゼンは駄目だったな」

と悲観する必要は必ずしもありません。最終的に、こちらの思い通りに行動してもらえれば目的は達成なのですから、眠っている、眠ってないはプレゼン成功の指標にはならないのです。

いずれにしろ、眠っている人に「起きろ」とは言いにくいですから、割り切るしかありません。話し手ができることは、冒頭でしっかりつかみ興味・関心を持続させることです。

プレゼンが長時間になる場合は、途中で休憩を挟むこと。どんな人でも、90分くらいしか集中力は続きません。

午前中であれば5分くらいの休憩でも大丈夫ですが、血糖値が高まっている午後の時間帯であれば、もう少し長めにとって、脳を一回リセットしてもらいましょう。

プレゼンに長い時間をかけると、途中、自分の仕事のことが気になる方もでてきます。スマホを敵に回さないためにも休憩を挟みましょう。そこで前もって、
「途中で休憩を10分間入れますので、仕事のメールはそのときに確認してください」
と言っておくことで、プレゼン中にメールチェックされる回数は相当減るはずです。

「ダ行」を使わず「サ行」で話す

拙著『謝罪の極意』（小学館）に詳しいのですが、私はマイクロソフト時代に全製品の最高品質責任者として、多くの取引先に出向いてはクレーム対応にあたっていました。

そのときの経験で気づいたこととして、

「発言の冒頭、ダ行の言葉（だ・で・ど）を使うと、お客様を不快にさせやすい」

というものがあります。理由は二つ。

まず、「だから」「どうしても」という言葉からわかるように、濁音は響きが悪く、不快な言葉として聞こえてしまうことが多いからです。

また、ダ行の言葉には、「だけど」や「でも」などの否定的な言葉が多く、言い訳や拒絶に受け取られる危険性があります。せっかくの建設的な対話であっても、「でも」と言った途端、相手にすると、

「あなたの意見は受け入れられません」

というメッセージにとられかねないのです。

そのことに気づいて以来、私は意識して「ダ行」を避け、一方で、引っかかりがなく、スムーズに聞こえる「サ行」に変えようと心掛けました。

すると、お客様から怒られたり不快に思わることが目に見えて減ったのです。

私は、これはプレゼンでも応用できると考えました。相手をいかに心地よくさせるかという点では、謝罪もプレゼンも変わらないからです。試しに、

「どうしても働き方改革に賛同できない方もいると思いますが」

と、話していたところを、

「そうは言っても働き方改革に賛同できない方もいると思います」

と変えると、確かに、すっと聞き手の心に入っていくような気がしました。

ビジネスパーソン４５１３人による実証実験でも、

「ダ行で話し始めないように気を付けてください」

と伝えて行動実験をしました。直接的な因果関係はわかりませんでしたが、その後の商談成約率が22％向上しています。このことから、勝ちパターンの一つの要素であると考えています。


「濁点は響きが悪い」という意味では、「がぎぐげご」「ざじずぜぞ」「ばびぶべぼ」も避けたほうがいいのかもしれません。しかし、それもルールに入れてしまっては、もはや何も話すことができなくなってしまいます。そのため、

「濁点の中で、最も響きが悪く、否定的な言葉が多いダ行（だ・で・ど）だけでも避けましょう」

とすることで頭に残り、実践しやすくなると考えているのです。

質疑応答のやり方で差が出る

プレゼンは一方向のコミュニケーションではなく「対話」だとお伝えしてきましたが、「質疑応答」は、文字通り対話が行われる時間です。

質疑応答が盛り上がるということは、プレゼンの内容に興味・関心をもっていただいたわけで、ひとまずは成功。その後、行動に移してくれる可能性が高まります。

追跡調査でも、**質疑応答の時間に多くの質問が出ると、その後の商談成約率も高まることがわかっています。**あるクライアントの場合、質問が出た回と、出なかった回で、成約率に1・4倍の開きが出ました。

つまり質疑応答が盛り上がるかどうかは、プレゼン成功のバロメータ。特に、その場のキーパーソンや意思決定者に、いかに発言させるかがカギになります。

少しでも多くの質問を引き出すためには、プレゼンの冒頭で、

「本日は、質疑応答の時間を多めに設けたいと考えています。最後に15分ほど時間をとろうと思っていますので、ぜひ多くの質問をしてください」

と宣言しておくといいでしょう。質疑応答の時間があるのかないのか、あるとしたらどれくらいなのか。あらかじめ伝えておくことで、相手にボールを渡すことになります。

プレゼンの最中に疑問が生じた場合、後で質問しようとメモを残す可能性も高まるでしょう。それを見越して、スライドの右上などにページ数が大きく表示されるようにしておくことをお勧めします。すると、聞き手は、

「13ページで書かれていた××について質問したいんですけど」

と言いやすくなり、こちらも何についての質問かすぐ理解できます。

ちなみにパワポの場合、テンキーで「13」と入力し、Enterキーを押すだけで13ページにジャンプできるので覚えておいてください。

「えーっと13ページは……あ、これですね」

というバタバタ感が避けられると思います。

さて、質疑応答で最初に質問するのは勇気がいるものです。そのため、最初に質問をし

てくれた方に対しては、

「最初に手を挙げていただき、ありがとうございます」

と、まずは敬意を表しましょう。そのうえで、

「いい質問ですね」

「そこは、とてもポイントになるところ」

「ぜひ伝えたかったことです」

などと、2番手、3番手が手を挙げやすい雰囲気を作ることです。

間違っても、質問に対して否定的な態度はとらないこと。仮に、プレゼン中に話したことを相手が聞き逃し、同じことを質問したとしても、

「先ほども申し上げた通り」

と言ってはいけません。そのときは、

「質問ありがとうございます。私の説明が不足していましたが、実はこういうことなんです」

と、プラスアルファの情報も盛り込みながら、丁寧に説明しなおしましょう。

質問が挙がらなさそうな雰囲気を感じたならば、前もって関係者に、

「もし誰も手を挙げなさそうなら、最初だけ質問をお願いします」

と、頼んでおくのも悪くありません。その場合、できれば高度な質問ではなく、ラフな質問にしていただいたほうが、後に続きやすいと伝えておきましょう。

それでも、手が挙がらないようなら、例えば、

「パワポの活用について、他社でたまに聞かれるんですが、画像の使い方で困っている方はいらっしゃいませんか？　例えばフリー画像の扱い方など」

などと、ある程度、的を絞ることで、

「そういえば、私的なプレゼンの場合、グーグルの画像検索などで出てきた画像を使っても大丈夫なのでしょうか？」

などと、質問が出やすくなると思います。あるいは、

「本日は、構成とストーリーとデザインの3つについて話しましたが、どれに一番興味をもたれましたか？　構成に興味を持たれた方は？」

と手を挙げてもらったうえで、それぞれについて質問を促すテクニックもあります。

反対に、手が挙がりすぎて、時間が押してきた場合は、

「申し訳ないですが、残り時間がわずかになってきたので、質問はあと二つにさせていただきます。ただ、終了後も私はしばらくここにいますので、質問がある方は来てください」と伝えるといいでしょう。パソコンやプロジェクタを片付けながらも対応できますから。

その場合、「大勢の前では質問しづらかった」とか、「上司の手前しにくい質問があった」と話す方が、大勢、来られることもあります。

この、終了後の個別の対応こそ重要。熱心なことが多いこともあり、そこから行動につながることも少なくありません。

テレビショッピングのジェスチャーの力

通販番組、特にジャパネットたかたのプレゼン力は学ぶべきポイントが多くあります。テレビで説明すると申し込みの電話が殺到するのですから、まさに人を動かして稼ぐ力があるということです。視聴者を動かすその特徴を確認していきましょう。

体の向きで視聴者を巻き込む

通常、プレゼンする人とそれを聞く人の2名の対話式で進行します。注目すべきは聞き手の体の向きです。聞き手は説明役と視聴者（テレビカメラ側）の間に立っています。そして、説明者の話を聞くときはそちらに体を向け、驚きなどの感想は視聴者に体を向けて表現しています。こうすることで、出演者2人だけの会話ではなく、視聴者を巻きこんだ会話にしているのです。

会議中に、特定の2人だけで話していると周りの参加者はしらけます。会話をしながら、適度に参加者に目線をもっていくことで、参加者を入れた会話にすることができます。

手のジェスチャーは顔の近くで

ジャパネットたかたでは、手を動かすときは顔の前でやるケースが多くあります。例えば、「ポイントは３つあります」などと、指でその数字を表現するときのジェスチャーは顔の前でやることが多いのです。こういったジェスチャーに合わせて顔の表情を豊かにしているので、視聴者に楽しい印象を強く与えることができます。

終盤に価格の発表をします。商品がどれだけ魅力があるものなのかをいろいろな角度で説明して価格が高そうにイメージさせて、まず通常販売価格を示します。このときも、顔の近くでジェスチャーをします。指で数字を出したり、パネルを使って提供価格を見せたりします。満面の笑みや驚きの表情と共に提示するので、ポジティブな表現が倍増して印象に強く残ります。

こういったジェスチャーはビジネスの現場でも効果が出るので、ぜひ試してみましょう。

第8章

プレゼン力を高める秘訣

他者からのフィードバックは掛けがえのないギフト

プレゼン終了後、できれば相手から感想や改善点などのフィードバックをいただきましょう。特に、

▼プレゼン自体の満足度が高くないと感じたとき。

▼プレゼンは手応えがあったのに、その後の行動につなげられなかったとき。

など、思うようにいかなかったときのフィードバックが一番の勉強になります。

クライアント企業25社で、人事評価の上位5%にあたる社員3135人を対象とした調査でわかったことですが、優秀といわれる社員のほとんどは、他者からの意見を尊重し、自身の改善の参考にしていました。

手厳しい評価でも落ち込まず、素直に受けいれましょう。それは、次回の改善につなげるための貴重なプレゼントです。

耳の痛い内容だとしても、「だけど」「でも」と言ってはいけません。フィードバックする側にしたら、したくもないダメだしを、あえてしてくれているのです。

私の経験上、よい感想しかもらえないときこそ危険。気をつかわれていたり、そもそも関心が高くなかったりという場合が多いからです。

時には自尊心を傷つけられることもあります。特に、匿名のアンケートには辛辣なことが書かれているものです。

それもありがたい意見として一度は受け入れましょう。もちろん、そうしたアドバイスを採用するかどうかは自分次第。少し違うかなと思えば採用しなければいいのです。

日頃から、社内外に広く、忌憚のない意見を言い合えるフィードバック・グループや、メンターと呼ばれる助言者をつくっておくといいでしょう。それも、役職、年齢、性別など多様なメンバーで構成されているとなおよしです。

通常、メンターというと、知識や経験が豊富な先輩などがなるもので、若手に対して励ましたりアドバイスをしたりするのが普通です。しかし、若手がシニアのメンターになる「リバースメンター」というのも貴重な存在です。

私にも一人そんなメンターがいます。インターンの大学生で、私のプレゼンを見学してもらい、思いもよらぬ角度からダメだしをもらうこともあります。それは私にとって貴重なギフト。自分では気づかないことを指摘してくれるため、とても新鮮で勉強になります。

私は、これまでメンターの存在に何度も助けられました。不平や不満を聞いてくれるだけではなく、客観的な視点から、忖度のないアドバイスをいくつももらいました。

だからこそ反対に、他者から何かしらのフィードバックを求められたときは、誠実に対応しようと心掛けています。

プレゼンの価値を増す錆びないインプット術

プレゼンはアウトプットの場ですが、インプットありきのアウトプット。準備段階には、それを上回るインプットが必要です。

医療系企業への提案であれば、医療業界について熟知しておかなければいけないのは当然として、関連業界やビジネス全般についてのトレンドの把握も必要です。人はギャップで動くもの。自分にはない情報をもっていたり、気づきを与えてくれる相手に信用を置くものです。

相手に先んじたインプット術、情報収集術を身につけていなければなりません。とはいえ、これだけ情報が氾濫している時代、何をどうインプットすればいいのかわからないと思います。私は、速読をマスターしたことで、週7冊はビジネス書をはじめとした書籍を読むようにしていますが、普通、一日一冊の本を読むことは困難で、新聞各紙に目を通す時間もないと思います。

そこでお勧めしたいのが、自分にとって必要な情報だけを自動収集してくれるキュレーションサービスです。私が利用しているのは「グーグル・アラート」という機能。あらかじめ「ＡＩ」「製造業」といったキーワードを入れておくと、インターネット上にアップされたニュースや記事のダイジェストが、一日一回など指定した間隔で送られてくるのです。それを流し読みするだけでも、興味・関心のある分野の最新トレンドを継続的に仕入れることができます。

ただ、そうやって集めた情報は、あくまで断片的な知識でしかありません。大切なのは、

「その情報の背景には何があり、どういう意味をもつのか」

「この情報によって、何にどう影響が生じるのか」

といった情報から得られる価値。インサイトとかインテリジェンスといわれるものです。新聞でいえば、社説や論説記事にあたるのですが、素人はそこまで分析できないので、専門家の力を借りることになります。

そのときに活用したいのが、NewsPicks（ニューズピックス）というメディア。あるニュースに対して、著名人や有識者などプロピッカーと呼ばれる専門家が、「この記事について、私はこう考える」というコメントをつけた形で配信されるのです。それをもとに、「この専門家はこう言っていますが、違うことを言う専門家もいます。そのうえで私、越川はこう考えます」

とすることで、オリジナルのアウトプットにもなるのです。

このように単体として情報を集めるのではなく、点と点を結んで線にすることが大切。しかも、そうしてつながった線も、刻一刻と変化していくわけで、常に見直していく必要があります。これが私流の「錆びないインプット術」です。

では、どうすると、錆びやすくなるのでしょうか。

その要因として最大のものは、「自分の意見は正しいはず」という思い込みです。特に強烈な成功体験をもっている人は、それに逆行するような新しい情報を取り込もうとしたがらないし、取り入れたとしても、自分に都合よく解釈してしまいがちです。

ある程度、年を重ねると、どうしても経験が邪魔をします。また、狭い世界で過ごしていると、外に目が向かず鈍くなることもあるでしょう。

そうならないためにも、前項でお伝えしたように、時に自分を否定してくれるような気づきやフィードバックを与えてくれるメンターの存在が大切です。

眉間にしわを寄せ、腕を組んで会議室に座っているのではなく、頭の柔らかい若い人の意見を積極的に聞きにいきましょう。ＩＣＴをはじめ、世間では今、何が流行っているかなどは、絶対に若い人のほうが詳しいはずです。

そういうところからも、錆びないインプット術は始まります。

「DCA」を回し続けて最強の虎の巻を作る

今さらですが、よく知られる課題解決の手法にPDCAサイクルがあります。PLAN（計画）、DO（実行）、CHECK（検証・評価）、ACTION（改善）の頭文字をとったもので、このサイクルを回すことで、業務を継続的に改善していくわけです。

しかし、多くのビジネスマンはPLANにばかり時間をかけてしまいがち。失敗のリスクを少しでも減らそうと、必要以上に計画に時間をかけるわけです。

PDCAサイクルで最も大切なのはDO。経験に優る学びはありません。前章までに述べたことをすべて実践するのは大変ですが、その中から二つ、三つでもいいので、まずは、自分にしっくりきそうなものを実践してみてください。

そのうえで重要なのがCHECK。つまり振り返りです。他者からフィードバックをもらったり、内省（リフレクション）をしたりします。

このとき、プレゼンそのものではなく、目標が達成できたかという観点で振り返ることを忘れないでください。営業なら契約がとれたかどうか、社内会議であれば自分の提案で組織が動いたかどうかです。

6割の人を動かしたかったのに4割しか動かせなかったとしたら、何かしら改善ポイントがあるはずであり、「なぜうまくいかなかったんだろう」と振り返ります。

残念ながら、私たちの調査によると、この振り返りをしない人が7割以上にのぼります。

CHECKは、うまくいかなかったときはもちろん、うまくいったときも行うべきです。たまたまうまくいったのか、それとも、

▼感情プレゼンに徹したことがよかったのか。
▼最初に結論から入ったことがよかったのか。
▼うなずきの連鎖がうまくいったからなのか。

など、本番で実行したことを一つずつ分析して、自分にとって有効だと感じたものには二重丸でも付けておき、反対に、自分には向いていないと思ったら二重線で消していきます。

そうやって改善を重ねながら、次のACTIONへとつなげていきます。

頭でっかちにならないよう、最初のＰをなるべく小さくしてＤＣＡをくるくる回すことがポイントです。その過程で、自分なりの勝ちパターンが蓄積され、最強の虎の巻ができるのです。

ただし、その虎の巻も放っておくとどんどん古くなってしまいます。なかには時代にそぐわないルールやテクニックも出てくるでしょう。

虎の巻が古びていかないためにも、ＤＣＡは回し続けなくてはいけません。

プレゼンはパワポに頼らない

「将来、プレゼンのスタイルは、どう変わっていくと思いますか？」

そう聞かれることがあります。

私は、これからはパワポの重要性が低くなると思っています。

かつてパワポを売る側にいた者としては言いづらいのですが、今のプレゼンはパソコン、特にパワポに頼りすぎています。

「はじめに」や序章でも述べた通り、「パワポをうまく作れる人＝プレゼンがうまい人」という印象があるかもしれませんが、本当にプレゼンがうまい人はパワポに頼りません。例えば、ＴＥＤなどのプレゼンテーションを見ているとよくわかりますが、背景のスクリーンが白いままでも、引き込まれていくプレゼンは数多くあります。

やはり、パソコンやパワポはあくまでも手段。今後、資料に頼らないプレゼン術が見直されてくるはずだし、そのほうが「伝える力」はもちろん、「伝わる力」も強くなっていくと思います。相手に「伝わる」ようにするために、どういう話し方や見せ方、身体の使い方をすればいいのか、コミュニケーション術を磨いていくことが大切です。

そのコミュニケーションは太古の昔からしていたわけであり、相手に「伝える」のではなく、「伝わる」ことを目指すのは、ずっと一緒のはずです。

ただ、昔と現在とで大きく異なるのは、多様な文化的背景をもつ人が増え、あ・うんの呼吸が通じなくなっていることです。欧米人に「行間を読んで」は通用しません。

その点、前後の文脈まで含めて、しっかり丁寧に表現をしないといけないのです。例えば、「この炊飯器は、おいしいご飯がたけます」では、言葉足らずです。

「白くてつやつやした、ふっくら、あつあつのおいしいご飯が炊けます」まで説明しないと、他国の人には想像がつきません。

そういった丁寧な言語化が、これから文化的背景の違う人たちが集う組織ではますます求められていくのです。

オーバーアクションのプレゼンは要注意

本書で述べてきた内容は、外国人を相手にしたプレゼンでも通用する、普遍的な内容だと思っています。

特に、「最初と最後で結論を示し、具体的な行動を促す」とか、「伝わってほしいことに絞ってコンパクトに説明する」などは、欧米人に対して有効です。

また、ロジック重視と思われる欧米人でも、意外と意思決定の判断基準に「感情」が入るものです。それを実感していた私は、マイクロソフト時代、アメリカ本社の上級役員を相手に難しい交渉をしなくてはならない場面などでは、事前に相手の人となりを調べてから臨んだものです。

SNSを使って経歴や趣味、家族構成なども下調べして、お土産も必ず持参しました。また、冒頭の挨拶や柔らかい表情にも気を配ることで、スムーズな交渉をしてきたのです。

外国の人に対して、身ぶり・手ぶりを使うことも効果はあります。主張や強調したいときは手を縦に動かし、逆に対話感をだしたいときは横に動かすなどもそう。

ちなみに、欧米人でプレゼンが下手な人に共通しているのは、中身の薄さを、オーバーアクションでごまかそうとしていることです。

確かにスティーブ・ジョブズ以降、ジーパンとTシャツというラフなスタイルで、インカムを付け、ポケットに手を突っ込みながらプレゼンをする人は増えました。マイクロソフトの社内にも大勢いました。

しかし、あのスタイルは、多くの記者や無数の視聴者を前に、それも、期待を一身に集めているなかで、iPhoneとかiPadといった革新的な新製品についてアピールするから成り立つのであって、一般の営業職が取引先に同じことをしてはいけません。

ジョブズのスタイルを表層的に真似るのではなく、プラスの変化をイメージさせ、共感を誘い、行動を促すというプレゼンの本質こそ真似てもらいたいです。

意識を変える前に行動を変えてみる

優れたプレゼンは、優秀なビジネスパーソンだけができるものではありません。

ベンチャー企業を経営していたときに、あまりに人手不足で営業マンの代わりに役者を雇ったことがあります。彼はＩＴの素人でしたが、私のプレゼンを何度も見て、完全にコピーをしてもらったところ、トップの営業成績を残しました。

スタイルから入ったことで、うまく歯車が回ったのです。

彼の提案を受け入れたことで、お客様も潤い、彼自身も一流の営業マンに成長していきました。皆が幸せになっていったのです。

何が言いたいのかというと、最初は、形から入るのでもいいということ。

２０１９年夏に４５１３名を対象に行った行動実験は、再現性のあるルールを確立したかったからです。８００名を超える意思決定者のヒアリングデータと、５万枚を超えるパワポ資料データをＡＩが分析して「人を動かすプレゼン」のルールを作りました。

しかし、それが実際に効果を出すかどうかはやってみないとわかりません。そこで有志を募って行ったのが大規模な再現実験です。ここでも新たな気づきや学びがあり、勝ちパターンを修正していきました。

本書に書いたプレゼンのルール、勝ちパターンの中には、

「こんなことやったって、うまくいくわけがない」

と思うものもあったと思います。でも騙されたと思って、一度やってみることを強くお勧めします。そして、一つでもしっくりしたものがあれば、それを継続してほしいのです。このようなトライ＆エラーがプレゼンでの変化をもたらします。

最初はなんだかモヤモヤした気持ちがあったとしても、成果が出たときは、それを上回る喜びに包まれ、心が満たされるものです。

私を含めて、日本人はつい１００％の準備を整えてから動こうとします。しかし、それではいつまでたっても始まりません。よくわからなくてもいいから、まず行動して、失敗

したら、その失敗を次に活かせばいいだけです。

私の生き方まで変えたプレゼンの師匠

私自身、プレゼンの本質とは何かと徹底的に考え、試行錯誤しながら、実践を積んできた歴史がありました。そこには、私が常に目標とし、追いつき追い越そうとしてきた「師匠」の姿があります。

本書の締めとして、私自身、プレゼンというものにどう向き合ってきたか、個人的なストーリーをお伝えしようと思います――。

私は、マイクロソフトに入社する以前、ＩＴ関連のベンチャー企業にいました。小さな会社でしたが、業界でトップシェアを取っていたものですから、少しばかり鼻を高くしていたと思います。取引先に対するプレゼンも、自信をもって臨んでいました。

そうしたとき、マイクロソフトの社員であるＡさんから、パワポとエクセルについて説明を受ける機会がありました。そのときのプレゼンに私は衝撃を受けました。

Aさんのプレゼンは、まさに行動を促すことを目的としたもので、私の表情や態度に合わせて、どんどんどんどんアプローチを変えてきました。単に、機能の説明をするのではなく、その機能が私にもたらす価値や変化を、とても論理的に、一方で情緒豊かに説明するのです。

そして、当時の私としては決して安い買い物ではありませんでしたが、促されるように最新のパソコンとソフトを購入することになってしまったのです。私は、

「本当のプレゼンとは、こういうことなんだ。こうやって人を動かすことができるんだ」

と感動すると同時に、それまでもっていた自尊心のようなものが崩れ、

「この人には勝てない。この人の下で働いてみたい」

と思うようになりました。それがきっかけとなり、それまでまったく考えもしなかったのですが、マイクロソフトに入社しようと決意しました。

結果的にアメリカ本社で採用されたのですが、その後、日本法人（現日本マイクロソフト株式会社）に転籍したとき、なんとAさんの下で働くことになったのです。当時、日本

におけるパワポの責任者をしていて、年齢は私より5つ上。

以降、その方をサポートする立場となって、資料の作り方や、プレゼンの仕方を直接、学ぶことになりました。まさに私の師匠です。

天才型と思っていたAさんですが、努力の人でした。プレゼンは準備が9割であることを体感しました。社内で最もプレゼンがうまいと言われていたのに、それでも若手や外国人など、実にさまざまな人からフィードバックを受け、貪欲に吸収しながら、プレゼンのスタイルを変幻自在に変えていくような人でした。

マウスの微妙な動かし方まで緻密に研究されている点も、大いに刺激を受けました。


特に、Aさんが一年で最も輝く場が、マイクロソフトの社員全員が集まったときに行われるプレゼンです。

office製品の責任者として、「当社の製品はこのように進化しています」と、まずは社員自身を魅了したうえで、販売に対するモチベーションを上げることを目的としたプレゼンなのですが、魂を揺さぶるような内容でした。

この師匠に追いつくことが、私がマイクロソフトにいる最大の目的となりました。それが達成できたと感じたときに辞めようと思っていたのですが、その壁は高く、そう簡単に訪れることはありません。

私は多くのダメだしをもらいながら、Aさんに少しでも近づくためにDCAを必死で回していきました。

そうやって年月を重ね、社内でも少しずつ評価されるなかで、マイクロソフト入社からちょうど10年目にoffice製品の責任者になりました。入社当初、Aさんが就いていたポストと同じです。

そうなると、例の、社員全員が集まる場でプレゼンする必要があります。普段は大勢の前でも緊張しない私でも柄になく緊張しましたが、無事、大役を務めることができました。

クラウド版のOfficeであるOffice365という製品が多くの人に働きがいをもたらすことを心から願い、どのように伝えれば社員が動いてくれるのか。

そのことだけに注力し、プレゼンの専門家と言われる方を含め、いろいろな方からフィードバックをいただき、準備を重ねた結果です。

結果的に、Office365の売り上げ増にもつながり、強い手応えを感じましたが、最もうれ

しかったのは、当時、営業担当役員の立場にあったAさんから褒められたことです。何を言われるかとても不安でしたが、

「すごいな！　お前のプレゼンのおかげで売りたいと素直に思えた」

と言っていただけたのです。

相手を動かす術を熟知している方だけに、Aさん自身を私のプレゼンで動かすことは難しいと思っていましたから、私にとってそれは最高の褒め言葉となりました。

Aさんを超えたとは思いませんでしたが、卒業のときが来たと思いました。外に出て、さらに自分のプレゼンを磨いていこうと決意を新たにしました。

Aさんのことを今でも尊敬しています。現在、私はコンサルタントとして年間に100件以上の講演をしていますが、いまだに「こんなプレゼンしたら、Aさんに怒られるな」と想像して気を引き締めて準備しています。最近、実はAさんから、

「うちのクライアントに、講演をしてくれよ」

と依頼をいただきました。自分自身ですればいいものを、私に講演の依頼をするというのは、信用されている証。こんなにうれしいことはありません。

おわりに

私はマイクロソフトに11年半在籍し、製品やサービスの売り上げ責任をもつ事業部に長く所属しました。そこでは、それらの最新情報や顧客への見せ方を年1回の全社員総会で披露する必要がありました。2000人近くの全社員の前でプレゼンするのです。

当時から社外で講演する機会が多く、時には1万人の前ですることもありました。もともと人前で話すことは緊張することはほとんどなく、むしろ観衆が多いとワクワクして楽しんでプレゼンをしていました。

しかし、全社員総会は違います。私のように社外で多くのプレゼンをする社員がじっくり見ています。いわばライバルたちです。そして、製品事業部の私にとっては営業担当に売ってもらうために失敗の許されない場なのです。

開催の2カ月ほど前から関係者でキックオフして、どのような構成で誰がどのように話すかを決めていきます。全社員を丸1日拘束して、会社の戦略や新製品を伝えていくわけですから、疲れてしまい集中力を維持するのが難しいのです。

そこで、関係者は言葉によるプレゼンだけでなく、顧客の課題を解決する製品のデモンストレーションを組み合わせて魅了していくことが求められます。社外には公表していない新製品を見せて、社員の士気を高めていくこともします。

しかし、新製品は多くは開発中で、動作が安定しません。そこで登壇者は2重や3重のバックアップを用意して万全を期すのです。例えばクラウドサービスのデモをする際には、うまく動作していたときの動画を撮影しておきます。もし本番で動作しなければ、すぐに録画を再生し、あたかもその場で動作しているように見せるのです。

大きなイベントではトラブルがよく起きます。ハプニングだらけです。しかし、本番で慌てふためいてしまうと社内のライバルたちに笑われ、営業チームは製品を売ってくれなくなります。

そこで、トラブルが起きても話を止めないこと＝沈黙をつくらないことを肝に銘じて、2000人の前で堂々とプレゼンしていました。その場でうまくいくと売り上げに繋がります。光栄にもあの現場を7回も経験できたことが、私が蓄積した「稼げるプレゼン術」に大きな影響を与えています。

今回、データ分析でＡＩを使って気づいたことがあります。それは、

ＡＩが人の未来を創ることはない
人が未来を創るときにＡＩが必要である

ということです。

この主従関係を間違えると、正しい行動がとれなくなります。魔法のように状況を一変するＡＩを探し続けて自分が老いてしまいます。

働き方改革をすることを目的にすることはやめましょう。働き方を変えるのは手段であって目的ではないから。働く個人が目指すべきは100年ライフの中でより多くの働きがいを感じること。より短い時間でより大きな成果を残すことです。

つまり、読者の皆さんが目指すべきは、「働きがい改革」であり、「稼ぎ方改革」だと思います。その手段として、プレゼンの仕方を少しだけ変えてみませんか？　成果が上がれば社内外での市場価値は高まり、未来の選択肢が増えていきます。

本著の制作にあたって、多くの方に協力していただきました。弊社クライアント企業の皆さん、実証実験に参加してくれた方々、プレゼン講座受講生の皆さん、株式会社キャスターのオンラインアシスタントの皆さん、弊社クロスリバーのメンバーに深く御礼申し上げます。

また、本著の編集において、堀水潤一さんとWAVE出版の堂坂美帆さんに多大なご支援をいただきました。振り返ると、本著の起点は堂坂さんが私の講演プレゼンを聞きに来てくれたことでした。プレゼンがきっかけとなって、こうして形として残せたことを嬉しく思っています。私の働きがいにつながりました。

意識を変えるのは、なかなかハードルが高いので、その前に行動を変えてみましょう。変化の激しい時代に、何が一番のリスクかといえば、何もしないことです。失敗してもいいから行動を起こしたほうが学びが多く、その先の成功につながることを、この本を通して実感していただければうれしいです。

あなたはこの本を読んで終わりですか？　それとも行動を起こしますか？

【著者】
越川 慎司（こしかわ・しんじ）
株式会社クロスリバー 代表取締役社長
株式会社キャスター 執行役員
元マイクロソフト執行役員・PowerPoint 事業責任者

国内外の通信会社勤務やITベンチャー起業などを経て、2005年に米マイクロソフト本社に入社。その後、日本マイクロソフトに転籍し、PowerPoint事業責任者、officeビジネスの担当役員を歴任。

2017年に株式会社クロスリバーを設立し、延べ529社の働き方改革を支援してきた。2018年から、700名以上がリモートワークの株式会社キャスター執行役員と兼任。

これまでに実施した提案プレゼンは2700回以上。企業やメディアで900回以上の講演をするなど、幅広く活躍。

著書に、『新しい働き方』（講談社）、『働きアリからの脱出』（集英社）、『謝罪の極意』（小学館）、『超・時短術』（日経BP）、『科学的に正しいずるい資料作成術』（かんき出版）、『ビジネスチャット時短革命』（インプレス）がある。

ムダなく一発で決まる
稼げるプレゼン

2020 年 5 月 24 日　第1版　第1刷発行

著者　越川　慎司
発行所　WAVE 出版
〒102-0074　東京都千代田区九段南 3-9-12
TEL 03-3261-3713　FAX03-3261-3823
振替 00100-7-366376
E-mail:info@wave-publishers.co.jp
http://www.wave-publishers.co.jp

印刷・製本　萩原印刷

NDC361　222P　19cm　ISBN 978-4-86621-279-1